Die schönsten

GUTENACHT-GESCHICHTEN

Über die Autorin

Nicola Baxter hat über 200 Kinderbücher geschrieben und zusammengestellt sowie Buchideen für viele internationale Verlage entwickelt. Sie liebt es, nette Geschichten und ansprechende Illustrationen miteinander zu verbinden, was den besonderen Reiz ihrer Kinderbücher ausmacht. Nicola lebt mit ihrer kleinen Tochter in England.

Über die Illustratorin

Jenny Press liebt Bilderbücher und Märchen für Kinder. Sie hat mehr als 50 Bücher illustriert und denkt sich immer häufiger auch die Geschichten dazu aus. Jenny lebt zusammen mit ihrem Hund Barney und ihrer Katze Jester in einem kleinen Ort im Osten von England.

Die schönsten

GUTENACHT-GESCHICHTEN

VON BÄREN, KATZEN UND ANDEREN TIEREN

von Nicola Baxer
illustriert von Jenny Press

Bassermann

Der Text dieses Buches entspricht den Regeln
der neuen deutschen Rechtschreibung.

ISBN 3 8094 1819 6

© 2005 by Bassermann Verlag, einem Unternehmen der Verlagsgruppe
Random House GmbH, 81673 München
© der englischen Originalausgabe 2000 by Bookmart
Limited, Leicester, England
Originaltitel: My Little Treasury of Bedtime Stories
Die Verwertung der Texte und Bilder, auch auszugsweise,
ist ohne Zustimmung des Verlags urheberrechtswidrig
und strafbar. Dies gilt auch für Vervielfältigungen,
Übersetzungen, Mikroverfilmung und für die Verarbeitung
mit elektronischen Systemen.

Umschlaggestaltung: Atelier Versen, Bad Aibling
Zeichnungen und zusätzliche Ideen für Geschichten: Jenny Press
Übersetzung: Brigitte Beck
Redaktion: Katrin-Marlene Opiolla
Herstellung: Sonja Storz
Satz: Filmsatz Schröter GmbH, München
Printed in Singapore

817 2635 4453 6271

Inhalt

Bärengeschichten

Willkommen in Bäringen	11
Das Bad am Abend	12
Große Bären, kleine Bären	14
Der blaue Bär	16
Der Bär im Bus	18
Bärenzeit	20
Zu Gast bei Onkel Hugo	22
Der Schnee-Bär	24
Das Ende des Regenbogens	26
Mama Bärs Problem	28
Das Picknick am Strand	30
Die Sternen-Bären	32
Das verlorene Band	34
Kusine Carlotta	36
Der Bär auf der Treppe	38
Der beste Freund des Bären	40
Der gestreifte Schal	42
Geflickte Tatzen	44
Die Sängerin	46
Der grüne Bär	48
Die fliegende Wäsche	50
Bären ahoi!	52
Verstecken	54
Papa Bär als Bäcker	56
Der tapferste Bär	58
Die Hütte im Park	60
Bitte, Papa Bär!	62
Bertrams Bücher	64
Das Meisterwerk	66
Baby-Bären	68
Männersache	70
Eine perfekte Party	72
Armer Bär!	74
Martha wünscht sich was	76
Omas Bären-Stiefel	78
Der Hochspringer	80
Achtung, fertig, los!	82
Der Brautführer	84

Bauernhofgeschichten

Willkommen auf Hof Sausewind!	89
Träum schön, Robert!	90
Die gackernde Ente	92
Susi Schweins Problem	94
Wo ist diese Ziege?	96
Hildas Küken	98
Lala Lamm	100
Der Apfelkuchen	102
Klara und Karla	104
Erste Hilfe	106
Robert rettet den Tag	108
Das Problem mit der Farbe	110
Susi hebt ab	112
Der Besuch	114
Winzling geht verloren	116
Henry kräht wieder	118
Hanna Henne und die Katze	120
Der Ärger mit Harry Hund	122
Ellen Ente rettet den Tag	124
Der Frühjahrsputz	126
Lala Lamms Liederabend	128
Wo ist Klaras Hut?	130
Der Kuchenwettbewerb	132
Bauer Hansen geht in die Stadt	134
Ein Name für einen Neuling	136
Das Abendrennen	138
Susi Schweins Tanzunterricht	140
Eine Frau für Bauer Hansen	142
Der Ärger mit dem Baum	144
Das geheimnisvolle Geräusch	146
Anni hält die Stellung	148
Nicht so schüchtern, Winzling!	150
Der alte Traktor	152
Ein Ständchen im Mondlicht	154
Hochzeit auf Hof Sausewind	156
Arthurs Arche	158
Das Mondschwein	160
Du wirst es nicht glauben!	162

Katzengeschichten

Hier ist die Katzenbande!	167	Neugierige Kätzchen	178
Wo ist dieses Kätzchen?	168	Das Pfotenabdruck-Rätsel	180
Tiger hat Pech	170	Der Picknickkuchen	182
Die Ausreißer	172	Das Monster	184
Bellas Geburtstag	174	Nicht vergessen!	186
Das Problem mit dem Päckchen	176	Das Baumhaus	188
		Oh, Tollpatsch!	190

Bärengeschichten

Willkommen in Bäringen

Hier sind einige der netten und lustigen Bären, mit denen du in diesem Buch nähere Bekanntschaft schließen wirst:

Das Bad am Abend

Alle kleinen Bären gehen abends gern schlafen. Aber bevor sie ins Bett gehen, müssen sie noch ein Bad nehmen, und einige kleine Bären mögen es gar nicht, wenn ihre Ohren nass werden.

So einer war auch Benny. Sein Papa versuchte alles, um ihm das abendliche Bad schmackhaft zu machen. Doch weder das große Segelschiff noch das Schaumbad mit den riesigen Blasen lockte Benny in die Wanne. Auch drei gelbe Entchen und eine Flüssigkeit, die das Badewasser lila färbte, machten Benny keinen Spaß.

Eines Tages ging Benny mit seiner Oma spazieren. Plötzlich fing es an zu regnen. Sofort jammerte Benny: „Ich will aber nicht nass werden! Es tropft in meine Ohren, meine Augen und meine Nase, es ist einfach schrecklich!"

„Das wundert mich aber", sagte Oma, „dass du auf das ganze Glück verzichten willst. Weißt du denn nicht, dass es für kleine Bären Glück bringt, wenn sie nass werden?"

Am gleichen Abend wunderte sich Papa Bär, als Benny ohne zu meckern in die Badewanne hopste. Und seit diesem Tag ist Benny der glücklichste Bär von allen – und der sauberste!

Große Bären, kleine Bären

Benny und seine Freundin Cleo waren auf dem Spielplatz, als zwei größere Bären dazu kamen. „Weg mit euch Baby-Bären! Jetzt schaukeln wir!" sagten sie unfreundlich. „Wir waren zwar zuerst hier", sagte Benny, „aber dann gehen wir halt Karussell fahren." Doch sobald sich die beiden lustig im Kreis drehten, kamen schon wieder die größeren Bären angerannt, um sie zu vertreiben. Cleo wollte keinen Ärger und sagte darum zu Benny: „Komm, dann

lassen wir unseren Drachen steigen." Kaum flog der Drachen fröhlich durch die Luft, spielten die großen Bären Fußball. Der Spielplatz war groß genug, doch sie rempelten ständig die beiden Kleinen an.

Plötzlich blies ein starker Windstoß den Ball unter eine Holzhütte und den Drachen in das Geäst eines Baums. Jetzt hatten alle vier kein Spielzeug mehr. Benny wollte schon heimgehen, als Cleo eine Idee kam: „Ihr beide seid groß genug, um unseren Drachen zu erreichen, und wir sind klein genug, um unter die Hütte zu krabbeln. Was meint ihr?"

Die großen Bären waren verlegen. „Tut uns leid, dass wir euch geärgert haben", sagte einer. „Das ist eine gute Idee." Und schließlich spielten sie alle gemeinsam bis zum Abend.

Der blaue Bär

In einer kleinen Villa mitten in Bäringen lebte Albert, ein ziemlich törichter Bär. Immer musste er sich nach der neusten Mode kleiden. Manchmal waren seine Kleider sehr schön, aber häufig schauten sie recht albern aus. Jeden Monat kaufte er Modezeitschriften, die ihm meistens bestätigten, dass er der bestgekleidete Bär in der ganzen Stadt war.

Eines Morgens allerdings seufzte er verzweifelt: blau, alles musste blau sein. Keine andere Farbe war mehr gefragt. Mit Tränen in den Augen schaute Albert in seinen Kleiderschrank. Er besaß Kleider in allen Farben – außer in Blau!

Am Abend hatte er eine Idee. Er könnte doch seine Kleider einfach färben! Albert hatte so viele Klamotten, dass nur sein Gartenteich groß genug war, um alle zu färben. Er schüttete Farbe hinein, bis das Wasser kräftig blau war. Dann warf er alle Kleider in den Teich. Plötzlich rutschte er aus und landete platsch! im Wasser. Als er herauskletterte, war sein Pelz von den Ohren bis zu den Tatzen himmelblau. Aber lernte er daraus etwas? Nein, sein blauer Pelz gefiel im sogar sehr! Wenn du nach Bäringen kommst, wirst du ihn sofort daran erkennen.

Der Bär im Bus

Jeden Mittwoch war Markt in Bäringen. Der Bus war voll bis zum letzten Platz, als Benny und Oma Bär einstiegen. Sie hatten viel Spaß beim Einkaufen, und auf dem Rückweg quetschten sie sich wieder in den vollen Bus. „Es gibt nur noch Stehplätze", sagte Oma, „doch ich nehme dich auf den Arm, dann kannst du aus dem Fenster schauen."

Bald aber merkte Benny, dass der Bär, der direkt vor ihm stand, viel

interessanter war. Es war ein älterer Bär, der einen Hut trug, und Benny glaubte bemerkt zu haben, dass sich der Hut bewegte! Da, schon wieder! Es hatte den Anschein, als ob der Hut tanzte.

„Oma", flüsterte Benny aufgeregt, „schau mal!" Oma schrie erschrocken auf, und der ältere Bär drehte sich um. „Meine liebe Frau", sagte er, darf ich mich Ihnen vorstellen? Ich heiße Bertram Bär, und das", er lüpfte galant seinen Hut, „ist mein Freund Peter." Oma und Benny lächelten, als sie die kleine Maus sahen, die unter dem Hut zum Vorschein kam. „Ich hoffe, wir werden alle die besten Freunde", sagte Bertram und lächelte Oma an.

Bärenzeit

Gäste in Bäringen fanden es sehr verwirrend, dass alle Uhren in der Stadt falsch gingen. Das kam daher, dass der alte Uhrmacher ein bisschen zittrig auf den Beinen war. Sonst war er noch fit, doch er konnte nicht mehr auf die Leiter steigen, um die Turmuhren zu reparieren. Du kannst dir vorstellen, dass kein Zug mehr pünktlich kam und die Ladenbesitzer nicht mehr wussten, wann sie öffnen sollten. Eines Tages kamen zwei besondere Besucher nach Bäringen. Es waren der Bär Alfred

und sein Freund, der Elefant Jumbo. Die meisten Bären in der Stadt hatten noch nie einen Elefanten gesehen, deshalb liefen sie alle herbei und staunten. Der Elefant hob die Bärenkinder mit seinem Rüssel hoch und wirbelte sie durch die Luft, bis sie vor Begeisterung jauchzten.

„Entschuldigung, Jumbo", sagte da der Uhrmacher, „kannst du auch einen erwachsenen Bären wie mich hochheben?" Im nächsten Moment schwebte der Uhrmacher über den Köpfen der Bären und fühlte sich ganz sicher. Und weil Jumbo nun jedes Jahr einmal zu Besuch kommt, gehen seither alle Uhren in Bäringen wieder richtig!

Zu Gast bei Onkel Hugo

Cleos Onkel Hugo lebte in einem alten Haus am Rand von Bäringen. Für Benny war es das aufregendste Haus, das er kannte. In der Diele stand ein ausgestopftes Krokodil und im Wohnzimmer saß ein lebendiger Papagei. Es gab eine Sammlung von Versteinerungen und überall lagen Stapel von Büchern herum.

Onkel Hugo war Erfinder und sein neuestes Werk war eine Maschine, die wirklich eigenartig aussah. „Wofür genau ist diese Maschine?", fragte Benny. „Sie pfeift", sagte Onkel Hugo. „Ich hatte die Idee, als ich meinen Teekessel benutzte. Da wollte ich eine Maschine entwickeln, die richtige Melodien pfeifen kann. Pass auf: Ich lege diesen Schalter hier um, und das Wasser in der Maschine wird verdampfen. Gleich kommt ein wunderbares Geräusch!" Und dann kam ein Geräusch, nämlich das von Onkel Hugo, als er mitsamt der Maschine durchs Zimmer und in den Garten sauste. „Hm", sagte Onkel Hugo, „es ist wohl keine Pfeifmaschine, sondern eher ein dampfbetriebener Rasenmäher geworden – aber er funktioniert perfekt!"

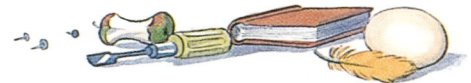

Der Schnee-Bär

Es schneite kräftig in Bäringen, als Cleos kleiner Bruder Max unbedingt draußen spielen wollte. Mama Bär wollte ihn aber nicht rauslassen.

„Mach dir nichts draus", sagte Cleo, „ich baue für dich vor dem Fenster einen Schnee-Bären." Cleo hatte gerade angefangen, da kam Benny vorbei.

„Kann ich mitspielen? Ich wette, dass ich einen schöneren Schnee-Bären bauen kann als du!"

„Das wollen wir mal sehen", antwortete Cleo.
Bald kamen noch weitere Bären vorbei und
wollten bei der Wette mitmachen. Alle waren
fleißig, nur Benny warf lieber Schneebälle in die
Bäume und freute sich, wenn der Schnee von
den Ästen fiel. Als alle fertig waren, kam
Cleos Mama heraus, um den Schiedsrichter
zu spielen.

„Dieser hier ist der beste", sagte sie.
„Das muss der von Benny sein",
sagte Cleo, „aber wo ist Benny?"
Da fiel der schöne Schnee-Bär
auseinander und Benny schüttelte
sich lachend den Schnee aus
dem Pelz.

„Der ganze Schnee von
diesem Baum ist auf mich
gefallen!", rief er.

Das Ende des Regenbogens

Eines schönen Morgens ging Benny in die Bücherei, um eine Lesung zu besuchen. Der Bibliothekar las ein Märchen vor, in dem ein Kobold einen goldenen Topf am Ende des Regenbogens fand. Benny fand das sehr interessant, vor allem, weil es gerade regnete.

Als die Kinder nach Hause gingen, hörte der Regen auf, aber Benny hatte gar keine Lust, wie sonst in den Pfützen zu plantschen. „Komm", sagte er zu Cleo, wir müssen uns beeilen!" Und schon bald konnten beide sehen,

dass ein herrlicher Regenbogen am Himmel stand.
„Schnell", rief Benny, „wir müssen das Ende finden!" Als sie auf einem Hügel angekommen waren, konnten sie genau sehen, wo das Ende war: im Vorgarten von Bennys Haus! Die beiden rannten, so schnell sie konnten, doch als sie angekommen waren, war der Regenbogen verschwunden. Benny hatte dennoch Hoffnung: „Vielleicht ist der goldene Topf noch da!" Bevor Cleo ihn aufhalten konnte, grub er mit seiner kleinen Schaufel das Tulpenbeet um. Plötzlich stieß er auf etwas Hartes. Papa Bär, der gerade dazugekommen war, schaute nach. „Das ist ja der Ring, den ich letztes Jahr verloren habe!", lachte er und vergaß dabei, wegen der Tulpen böse zu werden. „Vielleicht gibt es ja wirklich Gold am Ende des Regenbogens."

Mama Bärs Problem

Eines Morgens schaute Mama Bär recht besorgt drein. „Ich bin mir sicher, dass ich mich heute an etwas Wichtiges erinnern sollte, aber ich komme einfach nicht drauf."

„Mach dir keine Sorgen", sagte Papa Bär, „wir haben heute Nachmittag nichts zu tun, lass uns doch einfach einen alten Film im Fernsehen anschauen und es uns dabei so richtig gemütlich machen."

Um halb vier saßen Mama und Papa Bär in ihren ältesten, bequemsten Sachen auf dem Sofa, tranken Kaffee und aßen Pralinen. Der Film war so spannend, dass Mama Bär ihr Problem fast vergessen hatte …

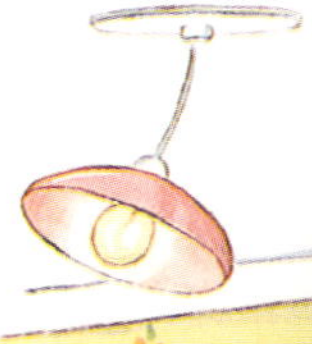

bis es an der Tür klingelte! Mama Bär wurde es flau in ihrem pralinengefüllten Magen.

„Hallo, meine Liebsten", flötete Tante Hortensie und stürmte ins Wohnzimmer. „Ich bleibe jetzt ein paar Tage hier, wie ich versprochen habe!"

„Jetzt weiß ich wieder, woran ich mich erinnern wollte!" flüsterte Mama Bär Papa zu. „Ich wollte vorschlagen, übers Wochenende zu verreisen!"

Das Picknick am Strand

Eines schönen Tages gingen einige kleine Bären mit ihren Eltern an den Strand zum Picknicken. Die erwachsenen Bären trugen schwere Körbe mit Proviant und die Bärenkinder schleppten Eimer und Schäufelchen.

„Puh", stöhnte Bennys Papa, als sie den Strand endlich erreichten. „Ihr Bärenkinder könnt Sandburgen bauen, während wir Erwachsenen das Mittagessen vorbereiten."

Doch es war so ein schöner, sonniger Tag, dass alle Erwachsenen eingeschlafen waren, noch bevor die Kinder mit ihren Burgen angefangen hatten.

„Wisst ihr was", sagte die freche Bettina, „wir könnten doch schon mal das Essen probieren, solange die Eltern schlafen!" Ein Bärchen nach dem anderen griff mit seinen Tatzen in die Picknickkörbe und kostete vom Kuchen. Bald war nur noch ein Häufchen Krümel übrig.

„Oje", sagte Benny, als die Erwachsenen aufwachten. „Es wird wohl schwierig werden, herauszufinden, ob das nun Möwen oder Krabben oder vielleicht sogar Schildkröten waren…"

„Ich tippe eher auf Bären!", sagte sein Papa. „Aber zum Glück kann man ja sehen, wer es war, weil die Schokolade ihre Spuren auf Tatzen und Nasen hinterlassen hat!"

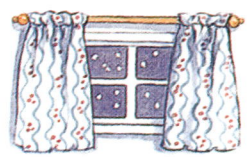

Die Sternen-Bären

Spät nachts, wenn alle Uhren zwölf schlagen, saß der Uhrmacher gern an seinem Fenster und schaute nach den Sternen. „Es wäre schön, wenn sich die Bärenjugend von heute auch für Astronomie interessierte", dachte er.

Eines Morgens kam Mama Bär mit Benny in den Uhrmacherladen, um eine Uhr zur Reparatur zu bringen. „Sie ist immer genau gegangen, aber letzten Abend war es fast Mitternacht, bis Benny ins Bett kam, weil die Uhr nachging", sagte Mama Bär. „Beinahe Mitternacht?" fragte der Uhrmacher. „Dann musst du die Sternen-Bären gesehen haben." „Ich habe

die Sterne gesehen, aber keine Bären", antwortete Benny. „Weil du nicht weißt, wohin du schauen musst", sagte der Uhrmacher. „Ich bringe euch heute Abend um zehn die reparierte Uhr zurück, und dann zeige ich sie dir."

An diesem Abend zeigte der Uhrmacher der Familie Bär viele interessante Sterne. Das Beste aber waren die Sternen-Bären. „Dort ist der Große Bär und hier der Kleine."

„Ist er älter als ich?", fragte Benny.

„Junger Bär", lachte der Uhrmacher, „er ist sogar älter als ich! Und das ist richtig alt."

Das verlorene Band

"In vieler Hinsicht", dachte Cleo, "ist Emma der langweiligste Bär der Schule. Sie interessiert sich nur für ihr Aussehen. Sie macht nicht bei wilden Spielen mit, weil sie dabei ja schmutzig werden könnte, kurz, es macht keinen Spaß mit ihr."

Eines Tages machte die Klasse mit ihrem Lehrer einen Ausflug in den Wald, um Blätter zu sammeln. "An der Form der Blätter könnt ihr erkennen, von welchem Baum sie stammen", sagte der Lehrer.

Die Bären waren noch nicht lange unterwegs, als Emma jammerte: „Ich habe mein schönes rotes Haarband verloren!" Cleo und die anderen Bärenkinder suchten nach dem Band und Cleo hatte Glück: In einem niedrigen Busch am Wegesrand webte ein winziger Vogel eifrig das Band in sein Nest. Cleo sah sofort, dass das Nest zerstört würde, wenn man das Band herauszöge. In diesem Moment kam Emma hinzu. Sie lächelte. „Sei ganz still", flüsterte sie. „Hier sieht es viel netter aus als in meinem Haar."

Cleo war erleichtert. „Man sollte nie vom Äußeren auf das Innere schließen", dachte sie und strahlte ihre neue beste Freundin dabei an.

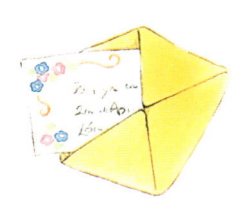

Kusine Carlotta

Eines Tages bekam Mama Bär einen Brief. „Es ist eine Einladung", rief sie verwundert, „zu einem großen Ball, veranstaltet von Frau Carlotta Cramer – ich habe noch nie von ihr gehört!" Mama Bär drehte die Einladung um. Auf der Rückseite stand eine kurze Nachricht: „Liebe Kusine, ich bin's, die kleine Carla. Ich habe Claus Conrad Carl Cramer geheiratet. Bitte komm zu meiner Party!"

„Ich glaube es nicht", lachte Mama Bär. „Kusine Carlotta war die unordentlichste und katastrophalste Bärin, die ich je gesehen habe. Ich kann sie mir wirklich nicht in einem Ballkleid vorstellen! Aber wir gehen natürlich hin."

Drei Wochen später fuhr Familie Bär
zu dem großen Landhaus von Kusine Carlotta.
„So ein vornehmes Anwesen" staunte Mama
Bär. „Benny: hier wird nicht gerannt,
auf den Treppen gehopst und
du wirst dich benehmen!"

Alle Gäste versammelten sich, um den großen Auftritt der Gastgeberin nicht zu versäumen. „Wuuuusch!" Kusine Carlotta erregte tatsächlich großes Aufsehen – sie rutschte das Treppengeländer hinunter!

Damit vergaß Mama Bär alle Bedenken, rannte auf Carlotta zu und umarmte sie herzlich. „Carla", lächelte sie, „du hast dich überhaupt nicht verändert!"

Der Bär auf der Treppe

Kusine Carlottas Party gefiel Familie Bär ausgezeichnet. „Ihr müsst nächste Woche wiederkommen, um euch das Haus anzuschauen", sagte Carlotta zum Abschied. Am nächsten Samstag fuhren sie also wieder hin. Nach dem Mittagessen kam die große Hausführung für die Eltern, und Benny lief allein herum. Er langweilte sich ein bisschen und setzte sich auf eine Treppe. „Du kannst mit mir spielen, wenn du willst", kam plötzlich eine Stimme von oben.

Benny sprang auf.

Der kleine Bär, er hieß Karl, hatte komische Kleider an, schaute aber freundlich, und bald spielten die beiden wie die besten Freunde miteinander.

„Was hast du gemacht?" fragten Bennys Eltern, als sie zurückkamen. „Ich habe mit Karl gespielt, aber jetzt ist er verschwunden." „Wie sah der kleine Bär denn aus?", fragte Carlotta mit einem merkwürdigen Gesichtsausdruck.

„Da, das ist er, mein Freund Karl!", antwortete Benny, indem er auf ein großes Gemälde an der Wand zeigte.

Carlotta lächelte: „Das ist der Ur-Ur-Urgroßvater meines Mannes. Er lebte hier vor über 200 Jahren – aber offenbar sorgt er immer noch dafür, dass sich unsere Gäste wohl fühlen!"

Der beste Freund des Bären

Cleo bekam von ihrem Onkel fatalerweise zum Geburtstag ein Witzbuch. Es war schrecklich. Den ganzen Tag lang quälte sie ihre Familie mit Witzen, von denen die meisten überhaupt nicht lustig waren.

„Wie heißt ein schlafender Dinosaurier?", fragte sie ihren Papa.

„Ich weiß es nicht, Cleo", brummte er. „Wie heißt er denn?"

„Brontoschnarchus!", kicherte Cleo. „Was macht neunhundertneunundneunzig Mal klipp und einmal klapp?"

„Ich mach bei dir gleich klipp und klapp, wenn du nicht aufpasst", grollte Papa Bär, „was ist es denn?"

„Ein Tausendfüßler mit einem Holzbein!" Cleo schüttelte sich vor Lachen.

„Cleo! Geht es wirklich noch

schlechter?", stöhnten beide Eltern. „Wie viele Seiten hat das Buch noch?"

„Oh, Hunderte", lachte Cleo und schaute wieder ins Buch. „Was ist der beste Freund des Bären?" Papa sprang auf. „Das weiß ich. Der beste Freund des Bären ist ein einfühlsamer erwachsener Bär, der dir dieses Buch wegnimmt, solange deine Freunde und deine Familie noch mit dir sprechen!" Er schnappte sich das Buch und ging damit in den Schuppen im Garten.

Das war heute Morgen, und bis jetzt hat niemand mehr Cleos Papa gesehen. Dann und wann dringen aber komische Geräusche aus dem Schuppen, die sich verdächtig nach Kichern anhören.

Der gestreifte Schal

"Es ist so kalt draußen, dass ich befürchte, meine Ohren fallen ab", sagte Papa Bär, als er nach Hause kam. "Ich brauche dringend einen langen roten Schal." Nächste Woche war nämlich sein Geburtstag. An den folgenden Tagen bemerkte Benny, dass der Handarbeitsbeutel seiner Mama immer dicker wurde. Er sah einige Knäuel rote Wolle.

Mama Bär kam gut voran, bis Frau Strauß im Blumenladen Papa Bär ein Kompliment wegen seines blauen Pullovers machte. "Ich glaube, ich brauche einen blauen Schal", meinte er jetzt. Mama Bär seufzte. Es war zu spät, um von vorn anzufangen. Aber Benny hatte eine gute Idee.

„Wie wäre es mit Streifen?" schlug er vor. Das war wirklich eine gute Idee, vor allem, nachdem der Uhrmacher das gelbe Hemd von Papa Bär bewundert hatte, ein Nachbar das herrliche Grün seiner Krawatte lobte und Benny sich die schöne orangefarbene Mütze ausleihen wollte.

Am Geburtstag bekam Papa Bär den schönsten, längsten und buntesten Schal, den man je gesehen hatte.

„Wir müssen ihn uns teilen", lachte er. „Er ist lang genug für die ganze Familie!"

Geflickte Tatzen

Cleo entdeckte in ihrem Geschichtenbuch ein Bild eines Bären, der Flicken an seinen Tatzen hatte. Mama Bär erklärte ihr, dass der Bär so viel mit seinen Tatzen gearbeitet habe, dass sie ganz abgeschabt waren und ein guter Freund sie ihm mit den Flicken ausgebessert hatte. Cleo setzte sich ruhig hin.

„Räumst du bitte das Buch weg?" sagte Mama Bär.

„Nein", antwortete Cleo.

Mama Bär konnte kaum glauben, was sie gehört hatte. Cleo war sonst immer so ein lieber kleiner Bär. „Holst du bitte deinen Vater?", versuchte sie es wieder.

„Nein", sagte Cleo.

Und so ging es den ganzen Tag weiter.

„Setz dich hin, Cleo", sagte Mama Bär. „Wir müssen ein ernstes Wörtchen miteinander reden!"

Bald erklärte Cleo ihr Verhalten: „Ich möchte doch nur meine Tatzen schonen", sagte sie.

Mama lachte: „Das wundert mich aber. Die meisten Bären möchten gern Flicken auf ihren Tatzen haben!"

„Wirklich?"

„O ja, sie sind stolz darauf. Denn daran sieht man, dass sie ein langes und nützliches Leben geführt haben." Seitdem ist Cleo wieder ein sehr hilfsbereiter kleiner Bär – und ihre Tatzen sehen trotzdem noch aus wie neu!

Die Sängerin

Morgens um sechs Uhr ist normalerweise wenig los in Bäringen. Deshalb waren alle geschockt, als der Gesang anfing: „Tra-la-la-la-la-laaaaa!" Es klang zwar nicht schlecht, war aber nicht die Art von Geräusch, die man frühmorgens erwartet. Als der Gesang zum ersten Mal erklang, schüttelten die Bären noch ihre Ohren und glaubten, sie träumten.

Am dritten Morgen aber sah man ärgerliche Bären im Morgenmantel auf den Straßen.

„Tra-la-la-la-laaa!"

„Das kann so nicht weitergehen", schimpfte der Uhrmacher. Albert indes fand den Gesang sehr schön, und er forderte alle auf, doch einmal genau hinzuhören.

Und tatsächlich, er war schön!

Da kam der Bibliothekar aus dem Haus, aus dem der Gesang zu hören war. „Entschuldigt bitte, das ist meine Schwester", sagte er, „ihr Künstlername ist Ursula Pallas. Sie muss üben!"

Ursula Pallas? *Die* Ursula Pallas? Die Bären waren erstaunt.

Der Uhrmacher errötete: „Ursula Pallas ist die größte Sängerin der Welt!" In diesem Augenblick erschien ein bekanntes Gesicht am Fenster. „Meine Lieben!" rief die Pallas. „Ich werde nur für euch ein Konzert geben, hier im Hof, heute Abend um sieben!"

Über das Konzert wird noch heute in Bäringen gesprochen. Und man sagt, wenn es ganz still ist, kann man im Hof immer noch das Echo der großartigen Stimme von Ursula Pallas hören.

Der grüne Bär

Benny hatte Cleo zu sich nach Hause eingeladen. Cleo unterhielt Bennys Familie mit interessanten Fakten aus ihrem großen Bärenbuch.

Leider wollte Papa Bär immer alles am besten wissen, und deshalb überlegte er sich etwas, was Cleo nicht wissen konnte. Doch Cleo schien wirklich alles zu wissen!

Verzweifelt begann Papa Bär zu sprechen, ohne vorher richtig darüber nachzudenken, was er sagte:

„Der seltenste Bär der Welt ist der grüne Bär aus Thailand. Fast niemand hat ihn je gesehen, da er sich so gut in den Bäumen verstecken kann."

„Ein grüner Bär? Über den steht nichts in meinem Buch!", sagte Cleo.

Papa Bär merkte, dass er zu weit gegangen war, um jetzt noch einen Rückzieher zu machen. „Nein", sagte er, „er ist sehr, sehr selten. Es war ein großes Glück, dass ich ihn auf meinen Reisen entdeckt habe."

Mama Bär hustete laut. „Deine Reisen, Schatz?", grinste sie, „Wann war das denn? Ich muss dich warnen, Cleo. Es gibt Tatsachen über Bären und es gibt bärige Lügen. Du darfst nicht alles glauben, was du hörst." „Oh, keine Sorge, Frau Bär", sagte Cleo. „Ich glaube nicht alles, was alte Bären sagen. In meinem Buch steht, dass ihre grauen Zellen mit der Zeit weich werden!"

Die fliegende Wäsche

Es war ein schöner, aber windiger Tag in Bäringen. Benny half seiner Mutter bei der Wäsche. Er trug den Wäschekorb hinaus zur Wäscheleine und begann, die Wäsche aufzuhängen.

Die Wäsche war aber sehr störrisch: Als erstes wirbelte eine Socke seines Vaters über den Zaun, dann flog ihm ein T-Shirt um den Kopf. Er versuchte noch, es fest zu halten, doch es entglitt ihm und segelte ins Blumenbeet im Nachbargarten.

In diesem Moment kam Bennys Mutter heraus.

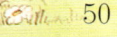

„Es tut mir leid", japste Benny, „aber ich werde mit dieser Wäsche einfach nicht fertig!" Er hob eines der Hemden seines Vaters auf, das auch schon davon fliegen wollte.

„Festhalten, Benny!", rief die Mutter, „ich halte es am anderen Ärmel!" Doch als die beiden Bären das Hemd hielten, blies der Wind wie in ein Segel hinein und beide Bären hoben ab!

„Nicht loslassen, Benny!", rief die Mutter, als sie über den Gartenzaun segelten.

„Wow!", jubelte Benny, „das ist viel besser als Drachen steigen lassen!"

Mit einem Plumps landeten die beiden Bären im Acker. „Es ist zu windig für die Wäsche oder für Drachen heute", lachte Mama Bär außer Atem. „Weißt Du was? Stattdessen machen wir es uns jetzt mit Kakao und Plätzchen gemütlich!"

Bären ahoi!

Seit ihrem ersten Treffen im Bus waren Bennys Oma und Bertram Bär mit seiner freundlichen Maus gute Freunde und nahmen Benny gern auf ihre gemeinsamen Ausflüge mit.

Eines Tages sollte es auf eine Fahrt ins Blaue gehen. Sobald Benny seine Oma und Bertram sah, wusste er, dass der Tag aufregend werden würde:

„Ahoi, junger Bär", sagte Bertram, und beide waren wie Seebären gekleidet.

„Schaut mal, das ist sie, meine Elli", sagte Bertram stolz, als sie das Flussufer erreicht hatten. Benny war schon etwas enttäuscht, als er sah, dass die Elli nur ein sehr kleines Boot war. Aber Bertrams Begeisterung war ansteckend: „Alles an Bord!" rief er.

„Aye, aye, Käpt'n", erwiderte Benny, „Darf ich der erste Offizier sein?"

„Tut mir leid, dieser Posten ist schon vergeben", sagte Bertram und zwinkerte Oma zu. Da kümmerte sich Benny erst mal um den Proviant. Doch als der Kapitän zum Mittagessen rief, schien nicht allzu viel übrig zu sein.

„Piraten?", fragte Bertram mit einem verständnisvollen Blick.

„Hunderte, Käpt'n!" stimmte Benny zu.

Versstecken

Eines regnerischen Nachmittags war es Cleo langweilig. „Spiel doch mit deinem kleinen Bruder", meinte ihre Mutter, „ihm ist auch langweilig." „Keine Lust", dachte Cleo, „Max ist doch viel zu klein für die Spiele, die mir Spaß machen." Da blinzelte Max zwischen seinen Tatzen durch, die er vors Gesicht geschlagen hatte. „Buh!" sagte er. Cleo lächelte. Vielleicht gab es ja doch ein Spiel, das sie mit Max spielen konnte. Er bedeckte sein Gesicht wieder mit den Tatzen. „Wo ist er, der Baby-Bär?" flüsterte Cleo. Kichernd blinzelte Max wieder hervor, dann krabbelte er, so schnell es ging, davon.

54

Cleo dachte schon, das Spiel sei aus, da versteckte sich Max unter der rosa Strickjacke ihrer Mutter.

„Wo ist er, der Baby-Bär?" rief Cleo wieder. Der kleine rosa Berg wackelte. „Hier ist er!" rief sie, zog die Strickjacke weg und ihr kleiner Bruder lachte glücklich. Bald merkte er, dass er sich nicht nur unter etwas, sondern auch hinter etwas verstecken konnte.

Jetzt schloss Cleo die Augen, bevor sich Max versteckte. „Wo ist er, der Baby-Bär?" rief sie. Diesmal musste sie schon etwas suchen, bevor sie Max hinter dem Vorhang fand. Während der Suche fing sie an zu reimen, um Max eine Freude zu machen. „Wo ist er, der Baby-Bär? Ihn zu finden, das ist schwer!" Das Versteckspiel machte beiden großen Spaß, und als die Mutter kam, wollten sie gar nicht mehr aufhören. Seitdem hat Cleo ihren kleinen Bruder noch viel lieber als zuvor.

Papa Bär als Bäcker

Eines schönen Morgens rief Papa Bär Benny in die Küche. „Morgen hat Mama Geburtstag, ich finde, wir sollten ihr einen Kuchen backen!"

Die beiden Bären hatten viel Spaß beim Abwiegen der Zutaten, beim Rühren und Mixen.

„Ich denke, das genügt", meinte Papa Bär und schaute die merkwürdig aussehende Masse zweifelnd an. „Also, ab in den Ofen damit!" Bald kam ein verlockender Duft aus dem Ofen – nachdem sich Papa Bär daran erinnert hatte, dass man ihn auch einschalten muss.

„Das wäre geschafft, jetzt müssen wir nur noch aufräumen!", sagte Papa Bär. Aber irgendwie wurden die beiden abgelenkt. Papa Bär jonglierte mit Eiern, Benny machte Experimente mit Mehl. Plötzlich hörten sie die Haustür. Beide liefen in den Flur und schlossen die Küchentür hinter sich.

„Du kannst jetzt nicht in die Küche", sagte Papa Bär. „Wir haben dort ein Geheimnis."

„Nicht besonders geheimnisvoll, wenn das meiste davon in eurem Pelz verteilt ist", lachte Mama Bär, „außerdem sagt mir meine Nase gerade, dass das Geheimnis dringend aus dem Ofen raus muss!"

Es dauerte den Rest des Tages, bis Benny und sein Papa die Küche sauber gemacht hatten – aber nur zehn Minuten, um Mama Bär dabei zu helfen, einen völlig windschiefen, aber sehr leckeren Kuchen aufzuessen.

Der tapferste Bär

An einem Sommernachmittag tranken Cleo und Benny Limonade im Schatten unter einem Baum. Cleo schaute hoch: „Hast du Höhenangst, Benny?" fragte sie.

„Natürlich nicht"; antwortete Benny. „Ich kann gut klettern. Wenn du willst, zeige ich es dir!" Und bevor Cleo ihn zurückhalten konnte, war er schon auf dem Baum.

„Komm rauf!" rief er.

„Nein, lieber nicht", sagte Cleo zögerlich. „Du hast doch keine Angst, oder?" fragte Benny.

Schließlich stichelte er so lange, bis Cleo nachgab. „In Ordnung", sagte sie, „schau her!" Zuerst klappte alles gut, doch als sie nach unten blickte, fing sie an zu zittern. „Ich will wieder runter, Benny", sagte sie. „Ich habe wirklich Höhenangst!" „Angstbär!" rief Benny, „ich bin viel tapferer als du! Hahaha!"

„Das finde ich nicht, Benny", sagte Mama Bär, die gerade vorbeikam. „Es war sehr mutig von Cleo zuzugeben, dass sie Angst hat!" Benny sah ein, dass Mama Bär Recht hatte und half seiner Freundin rasch hinunter.

„Komm, wir gehen auf Spinnenjagd!" schlug Cleo vor. Und nun war es Benny, der gehörig ins Schwitzen kam!

Die Hütte im Park

Eines Sonntags machte die ganze Familie Bär ein Picknick im Park. Nachdem alle gegessen hatten, schliefen die Erwachsenen (und Bertrams Maus Peter) in der warmen Sonne ein. Benny war es sehr langweilig. Er warf Gänseblümchen in den Hut seines Vaters, bis eines auf Herrn Bärs Nase landete. Schließlich machte er sich auf Entdeckungsreise. Hinter ein paar Büschen bei den Tennisplätzen war eine kleine Hütte verborgen.

Wem die wohl gehörte? Benny ging zurück zu seiner Familie. Sie schliefen alle noch, außer Bertram, der gerade Omas Hut mit Gänseblümchen schmückte.

„Was ist los?" fragt Bertram, und Benny erzählte ihm von der Hütte.

„Das wird die Hütte des Platzwarts sein", meinte Bertram. „Er ist ein alter Freund von mir und ich glaube, ich weiß ganz genau, was er an einem Nachmittag wie heute dort macht. Komm mal mit!"

Die beiden gingen zur Hütte, und Bertram hob Benny hoch, so dass er durch das Fenster sehen konnte. Tatsächlich, da war der Platzwart, und er tat dasselbe wie Bennys restliche Familie! „Erwachsene Bären werde ich nie verstehen…" seufzte Benny.

Bitte, Papa Bär!

Cleo und ihre Familie wollten übers Wochenende verreisen. Ihr kleines Auto war bis zum Dach vollgepackt mit Sachen, sodass fast kein Platz mehr für die Bären selbst darin war.

Cleos Mama schaute grimmig drein, als sie die Straße hinab fuhr und ihr Mann machte einen ziemlich verzweifelten Eindruck, als er versuchte, eine riesige Straßenkarte davon abzuhalten, ihr ins Gesicht zu fliegen. Cleo langweilte sich.

Nach zehn Minuten sagte sie: „Bitte Papa, sind wir bald da?"

„So wie es bis jetzt läuft, werden wir noch lange nicht da sein", sagte die Mutter anstelle des Vaters, der noch immer mit der Karte beschäftigt war.

Cleo wartete fünf Minuten, dann quengelte sie: „Bitte Papa, können wir anhalten?" „Nicht jetzt schon, Cleo", sagte die Mutter entnervt. Aber sie stoppte dennoch, da sie keine Unfälle im Auto schätzte.

Der Vater kämpfte weiter mit der Karte. „Bitte Papa ...", fing Cleo wieder an. „Cleo!" rief jetzt die Mutter verärgert, „Wenn ich noch ein Wort von dir höre, fahren wir sofort nach Hause zurück! Müssen wir jetzt rechts oder links abbiegen?" Cleo schwieg eine halbe Stunde, dann sagte sie: „Bitte Papa, ist das nicht ..."

Und im selben Moment merkten es alle: Sie waren im Kreis gefahren! „Bitte Papa", lachte Cleo, „Ich bin so froh, wieder zu Hause zu sein!"

Bertrams Bücher

Eines Tages wollte Bertram Bär Großputz machen. Benny und Oma kamen, um ihm zu helfen, doch bald merkten sie, was für eine riesige Aufgabe das war! Überall lagen Bücher: auf jedem Tisch, jedem Stuhl und in Stapeln auf dem Boden.

„Ich liebe eben Bücher", meinte Bertram. „Das verstehe ich", sagte Oma, „aber warum schenkst du sie nicht der Bibliothek, wenn du sie gelesen hast? Der Bibliothekar ist bestimmt dankbar!"

„Wie klug du bist, meine Liebe, wie immer", antwortete Bertram. Den ganzen Nachmittag über trugen die Bären Bücher vor das Haus, wo der Bibliotheksbus sie abholen sollte.

Als Bertram und Oma eine kleine

Pause machten, war Benny nirgendwo zu sehen. Nachdem sie zwei Stunden lang verzweifelt gesucht hatten, war Oma sehr besorgt. Doch dann kam der Bibliotheksbus.

„Hat jemand einen kleinen Bären verloren?" fragte der Fahrer lachend, und entfernte ein paar Bücher von einem großen Haufen, aus dem ein überraschter Benny hervorlugte!

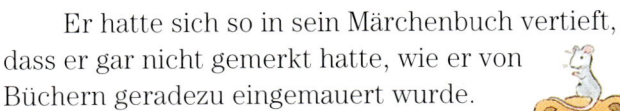

Er hatte sich so in sein Märchenbuch vertieft, dass er gar nicht gemerkt hatte, wie er von Büchern geradezu eingemauert wurde.

„Man redet ja immer von Bücherwürmern", lachte Bertram, „aber ich glaube, du und ich, wir sind beide Bücherbären!"

Das Meisterwerk

Die Kunstausstellung war das Tagesgespräch in Bäringen. Hierfür durften die Bären ihre eigenen Bilder einreichen und am Ende der Ausstellung sollte das beste Bild eines erwachsenen Bären und das eines Bärenkindes prämiert werden.

Natürlich wollten Benny, Cleo und ihre Familien auch mitmachen. Für Herrn Bär war es besonders wichtig, zu gewinnen. „Mein Bild wird sehr modern sein", sagte er, „ich bin sicher, die Preisrichter wollen so etwas sehen." Als die Bilder zur Ausstellung gebracht werden sollten, sammelte Cleos Mutter sie von beiden Familien ein. Jedes Bild war gerahmt, in braunes Packpapier eingeschlagen und mit einem Aufkleber versehen, auf dem das Alter des Malers stand. Die Namen der Künstler standen auf der Rückseite der Gemälde. Sie legte die Bilder sorgfältig auf den Rücksitz ihres Autos neben den Kindersitz von Cleos kleinem Bruder Max. Was für ein Schreck, als sie merkte, dass der kleine Max während der Fahrt alle Aufkleber von den Päckchen entfernt hatte!

Schnell klebte sie sie wieder auf und lieferte die Bilder ab. Am letzten Tag kamen alle, um die Namen der Gewinner zu erfahren. Frau Bär lächelte und sagte zu ihrem Mann: „Glückwunsch, Schatz, du hast gewonnen!" Herr Bär platzte fast vor Stolz, bis sie fortfuhr: „…und zwar im Wettbewerb der Bärenkinder!"

Baby-Bären

Benny hatte keine Geschwister und bedauerte das sehr. Wenn er sah, wie Cleo mit Max spielte, dachte er immer, wie nett es wäre, wenn er auch so einen kleinen Bruder hätte.

„Können wir keinen Baby-Bären in unserer Familie bekommen?" fragte er eines Tages seine Mutter.

Herr Bär, der das gehört hatte, antwortete lachend: „Ein kleiner Bär ist genug in diesem Haus!"

Doch Benny dachte immer noch, dass es besser wäre, Teil einer größeren Familie zu sein.

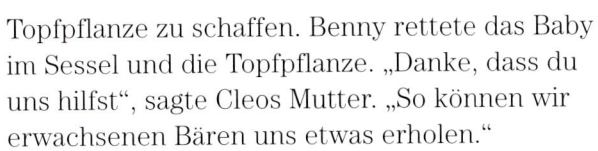

Als er bald danach Cleo besuchte, hörte er schon auf der Straße den Lärm. „Heute ist die Spielgruppe bei uns", sagte Cleo. Benny schaute nach unten. Ein Baby-Bär krabbelte auf seine Tatzen. Ein anderer versuchte, an seinem Bein hochzuklettern. Ein dritter war auf einen Sessel geklettert und ein vierter machte sich an einer Topfpflanze zu schaffen. Benny rettete das Baby im Sessel und die Topfpflanze. „Danke, dass du uns hilfst", sagte Cleos Mutter. „So können wir erwachsenen Bären uns etwas erholen."

Doch auch Benny hatte Erholung nötig, als er nach einer Stunde nach Hause ging.

„Wir brauchen doch keinen Baby-Bären mehr", sagte er zu seinen Eltern, „ein kleiner Bär im Haus reicht wirklich!"

Männersache

Papa Bär las gerade die Zeitung, als Mama Bär sagte: „Ich habe einiges mit Oma Bär zu besprechen, könntest du nicht mit Bertram und Benny für ein Weilchen weggehen?"

Bertram saß mit einem interessanten Buch gemütlich im Sessel und Benny lag auf dem Boden und las eine Zeitschrift. „Kommt, wir gehen", sagte Papa Bär mit einem Seufzer. „Was könnten drei Bärenmänner mit einem sonnigen Nachmittag anfangen?" Die drei gingen in den Park und schauten bei einem Tennisspiel zu. Dann spielten sie eine Weile Bärenspringen. Schließlich setzen sie sich auf eine Bank, um auszuruhen. „Ich bin erschöpft", seufzte Herr Bär. „Wie gerne läse ich jetzt meine Zeitung!" „Und ich würde am liebsten mein Buch weiterlesen", sagte Bertram. „Und ich möchte gern wieder in meiner Zeitschrift blättern!", meinte Benny.

„Es gibt einen Ort, wo wir das ungestört tun können", sagte Bertram. Und so verbrachten die drei Bärenmänner doch noch einen gemütlichen Nachmittag mit der Beschäftigung, auf die sie am meisten Lust hatten – in der Bibliothek! „Das ist doch mal eine nette Abwechslung", sagte Papa Bär lachend.

Eine perfekte Party

Bertram Bär war außer sich vor Begeisterung. Er wollte eine Party geben. Alle seine Freunde in Bäringen – und das waren viele – sollten kommen. Bertram machte sich an die Arbeit. Er verbrachte Sunden in der Küche und bereitete all das zu, was Bären gern essen – vor allem Oma-Bären. Als der Tag der Party näher rückte, putzte er das ganze Haus und schmückte die Zimmer mit Blumen und Luftballons. Als der große Tag gekommen und Bertram sicher war, dass alles perfekt vorbereitet war, zog Bertram seinen besten Anzug an und setzte sich hin, um auf die Gäste zu warten. Er wartete und wartete. Die Minuten vergingen … und vergingen … aber niemand kam. Da fielen ihm die

Augen zu und er schlief ein. Klingelingeling! Die Türglocke weckte ihn auf. Begeistert stürzte er zur Tür, als er merkte, dass es schon dunkel wurde – viel zu spät für seine Partygäste.

Vor der Tür stand Oma Bär. „Brauchst du noch Hilfe für morgen?" fragte sie. „Für morgen?" wiederholte Bertram schwach. Dann öffnete er die Haustür und fing an zu lachen.

Am nächsten Tag kam jeder einzelne Bär, den Bertram eingeladen hatte, zur Party. Oma half ihm mit dem Essen. Sie erzählte niemandem, was am Tag zuvor passiert war, doch während des Abends tauschte sie einige Blicke mit Bertram, die nur die beiden verstanden. Und die Party?

Sie war einfach perfekt!

Armer Bär!

Seit einiger Zeit flüsterte Bennys Mutter ständig mit Oma Bär. Benny fühlte sich ausgeschlossen und war sauer. Er ging zu Cleos Haus, wo er hoffte, willkommener zu sein. Aber auch Cleo war beschäftigt. „Ich passe auf meinen kleinen Bruder auf", sagte sie, „es geht ihm heute nicht so gut, dem armen Bärchen." Da schaute Benny so traurig, dass Cleos Mutter ihn trotzdem herein ließ. „Es ist etwas Eiscreme für Dich übrig", sagte sie. Benny aß sein Eis und beobachtete dabei Cleo und ihre Mutter, wie sie liebevoll den kleinen Max umsorgten. Plötzlich hatte er einen Einfall.

Am nächsten Tag schritt er zur Tat: „Es geht mir nicht gut", sagte er zu seiner Mama, die mit Oma telefonierte. „Ruhig, Benny, ich höre nichts", antwortete sie. „Ich bin krank", jammerte Benny, diesmal etwas lauter.

Mama Bär legte den Hörer auf und legte die Hand auf seine Stirn. „Das ist nichts Schlimmes", sagte sie, „wo genau tut's denn weh?" „Überall", murmelte Benny. „Das sieht dir gar nicht ähnlich, Benny", sagte sie, „armer Bär! Könnte es sein, dass ich seit ein paar Tagen zu wenig Zeit hatte, um mit meinem liebsten, besten kleinen Bären zu reden? Wie wäre es, wenn ich dir ein ganz großes Geheimnis verraten würde?" Und sie flüsterte etwas in sein pelziges Ohr.

„Fühlst du dich immer noch krank?" fragte sie dann. „Ich? Überhaupt nicht!" antwortete der kleine Bär und strahlte wieder.

Martha wünscht sich was

Am nächsten Morgen brachte Benny seiner Oma das Frühstück ans Bett. „Ich sollte schon mal üben", sagte er, „für nächste Woche." „Warum?", neckte ihn Oma, „was ist denn nächste Woche?" „Ich dachte, du weißt das!" rief Benny mit großen Augen. „Du wirst Bertram heiraten!" „Das stimmt", lachte Oma. „Dann wirst du mir also am Hochzeitsmorgen das Frühstück ans Bett bringen?" „Ja", antwortete Benny, „und an jedem weiteren Morgen!"

„Aber Benny", antwortete Oma, „hat dir das niemand gesagt? Nach der Hochzeit ziehe ich zu Bertram!" Benny erstarrte. Darüber hatte er nicht nachgedacht. Er liebte Oma und wollte, dass sie bei ihm blieb. „Ich wünsche mir, du könntest hier bleiben", sagte er. „Ich wollte, du würdest überhaupt nicht heiraten!"

Oma nahm den kleinen Bären in den Arm. „Ich erzähle dir mal eine wahre Geschichte", sagte sie, „über die Bärin Martha. Als Martha jung war, heiratete sie einen wunderbaren Bären namens Eduard. Die beiden waren sehr glücklich. Dann, gerade als sie dachten, dass sie ein friedliches gemeinsames Leben führen könnten, starb Eduard plötzlich und ließ Martha allein zurück. Sie dachte, sie würde nie wieder glücklich sein können, obwohl sie einen lieben kleinen Enkel hatte. Sie wünschte sich, dass auch für sie die Sonne wieder scheinen sollte. Und eines Tages traf Martha einen witzigen Bären mit einer Maus unter seinem Hut. Sie war so froh über die zweite Chance, glücklich zu sein. Verstehst du das, mein Kleiner?"

„Ja", lächelte Benny, „Das verstehe ich!"

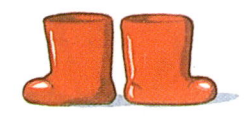

Omas Bären-Stiefel

Vor der Hochzeit musste vieles organisiert werden, aber Oma und Mama Bär hatten alles gut im Griff. Doch beim Abendessen sagte Oma plötzlich: „Und was ist, wenn es regnet?" „Kein Problem, dann findet das Fest im Haus statt", sagte Mama Bär ruhig. „O doch", antwortete Oma, „ich muss schließlich aus dem Auto aussteigen. Was wird aus meinen schönen Schuhen, wenn es Pfützen gibt, und was wird aus meinem wunderbaren Hochzeitshut, wenn es darauf regnet?" „Meine Liebe" schmunzelte Papa Bär, „ich gehe höchstpersönlich in die Stadt und kaufe dir den schönsten Schirm, den es gibt. Aber ich weiß wirklich nicht, was ich mit deinen Schuhen machen soll." Natürlich hatte Benny dem Gespräch zugehört. „Sie braucht ein paar gute Stiefel", erklärte er Cleo, „aber ich befürchte, es gibt keine speziellen wasserfesten Hochzeitsstiefel." „Ich weiß was", rief Cleo, „wir könnten ihre normalen Gummistiefel schmücken. Das macht Spaß!" Mit Farbe, Papier und bunten Bändern machten sich die beiden an die Arbeit, nachdem Benny sich die Stiefel „ausgeliehen" hatte.

Abends holte Bertram Oma zu einem Spaziergang am Fluss ab. Da es etwas schlammig am Flussufer war, ging Oma ihre Gummistiefel holen und kam lauthals lachend zurück. „Das war eine tolle Idee, Benny", sagte sie. „Aber was werden die Leute denken, wenn ich die Stiefel jetzt schon anziehe?"

„Liebste, sie werden denken, dass du einfach wunderbar aussiehst!" sagte Bertram. Und wegen der Hochzeit brauchst du dir keine Sorgen zu machen: Der Bräutigam wird seine Braut natürlich tragen, und zwar so! Und zu Bennys Freude nahm der alte Bär seine Braut auf die Arme und trug sie davon – mitsamt den Hochzeitsstiefeln.

Der Hochspringer

Cleo und Benny spielten im Park. „Schaukeln ist toll", sagte Cleo, „von der Schaukel aus kannst du vieles sehen, was du vom Boden aus nicht siehst!"

„Ja", meinte Benny, „Bäume, Büsche und hüpfende Bären!" Das stimmte. Alle paar Sekunden erschien das lächelnde Gesicht eines Bären über den Büschen gegenüber und ver-

schwand gleich wieder. „Ich kenne diesen Bären",
sagte Benny. Er heißt Bingo und geht in unsere
Schule. Er ist doch jünger als wir – warum kann er
so hoch springen? Und ich habe geglaubt, ich sei
der beste Hochspringer!"

„Der bist du doch auch", sagte Cleo, aber insgeheim musste sie zugeben, dass sogar Benny nicht so hoch springen konnte wie Bingo.

„Komm, wir begrüßen ihn", meinte Cleo. Doch als sie hinter die Büsche guckten, mussten die beiden lachen: Bingo hatte ein Trampolin!

„Kommt her und versucht es auch mal!" rief der kleine Bär.

Später wunderte sich Bingos Mutter, weil ihre Matratze nicht mehr gut federte. Kannst du dir vorstellen, warum?

Achtung, fertig, los!

Zu den diesjährigen Bundesjugendspielen hatte Benny sich viel vorgenommen. Schon bald rief der Lehrer zum ersten Rennen. „Alle Bären an die Startlinie! Achtung, fertig los!"
Benny rannte, so schnell er konnte, doch als er die Ziellinie schon fast erreicht hatte, überholte ihn Cleo und gewann das Rennen. Es war wie verhext. Aus irgendeinem Grund wurde er bei jedem Wettbewerb, an dem er teilnahm, Zweiter. Beim Hochsprung rutschte er aus. Beim Hindernislauf verlor er seine Hose, und beim Eierlaufen lief er sogar in die falsche Richtung!

Als der Lehrer zum letzten Wettbewerb aufrief, hatte sich Benny schon fast aufgegeben. Und zu allem Überfluss setzte sich an der Startlinie noch ein großer Schmetterling auf seine Nase. Benny wollte ihn nicht verletzen, deshalb blies

er ihn nur vorsichtig an, bis er davon flatterte – gerade rechtzeitig, bevor der Lehrer „…fertig, los!" rief.

Vielleicht hatte der Schmetterling seine Nerven beruhigt – Benny lief jedenfalls das Rennen seines Lebens und wurde Erster. „Benny, Benny!" feierten ihn die Zuschauer. Benny war so glücklich über seinen Sieg, dass er sich noch nicht einmal über seinen Papa ärgerte, der den Siegerpokal hochhielt, als ob er ihn gewonnen hätte.

Der Brautführer

Oma Bär hätte sich keine Sorgen zu machen brauchen. Als Benny ihr an ihrem Hochzeitsmorgen das Frühstück ans Bett brachte, schien die Sonne und es war keine Wolke in Sicht. Zu Mama Bärs Zufriedenheit war alles im Plan. Doch gerade als die Familie das Haus verlassen wollte, klingelte das Telefon. „Keine Sorge, wir lassen uns was einfallen", hörten die anderen Mama Bär sagen. Im Auto erklärte sie, dass das Auto von Bertrams Brautführer eine Panne hatte und dieser deshalb nicht rechtzeitig zur Hochzeit kommen konnte.

„Was ist ein Brautführer?" fragte Benny. „Das ist ein besonders guter Freund des Bräutigams", erklärte Papa Bär.

Bertram erwartete die Familie schon. Er sah überhaupt nicht besorgt aus.

„Es scheint, du hast das Problem gelöst", sagte Papa Bär.

„Ja, das stimmt", sagte Bertram. „Ich habe mich dafür entschieden, den Bären zu bitten, mein Brautführer zu sein, der Martha und mich zusammengebracht hat. Komm, Benny, es ist Zeit für die Trauung!" So kam es, dass der glücklichste Tag von Oma Bär auch der stolzeste Tag von Benny wurde. Und alle Freunde aus Bäringen waren gekommen, um das Fest unvergesslich zu machen!

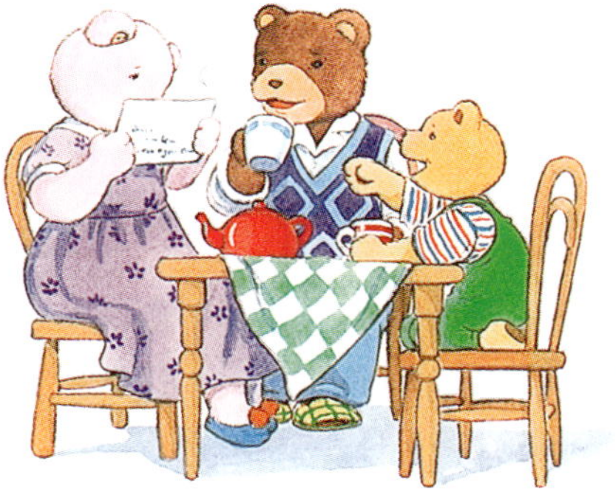

Bauernhofgeschichten

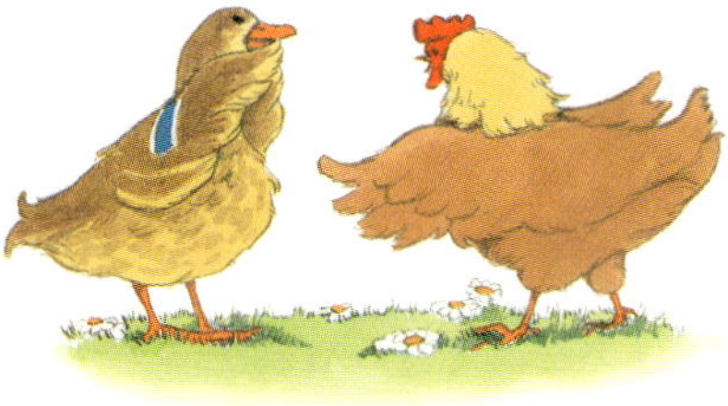

Willkommen auf Hof Sausewind!

Auf dem Hof ist immer was los, wenn seine Bewohner gemeinsam etwas unternehmen!

Bauer Hansen   Anni   Robert Ross

Klara Kuh

Pompon

Karla Kalb

Henry Hahn

Lala Lamm

Susi Schwein

Hilda Henne

Ellen Ente   Hanna Henne

Harry Hund   Pimpf

Träum schön, Robert!

Wenn du einen warmen, trockenen Stall hast mit frischem Stroh und wenn dein Magen voll ist mit Hafer und anderen Leckereien, solltest du alle Voraussetzungen für einen guten Schlaf haben – wenn du ein Pferd bist, natürlich!

Aber der gute alte Robert Ross war den ganzen Tag übermüdet. „Weil ich die ganze Nacht kein Auge zukriege", erklärte er Hilda Henne. „Es sind die Mäuse, habe ich recht?" sagte Hilda, „weil du einen schönen Stall hast. Er ist viel besser als unser altes Hühnerhaus, wo sie vorher mit uns gewohnt haben."

„Stimmt", antwortete Robert. „Sie huschen die ganze Nacht umher. Weder der Wind noch der Regen macht mir etwas aus, aber die Mäuse kann ich nicht überhören."

„Überlass das mir", sagte Hilda. Später besuchte sie Roberts Stall und unterhielt sich lange mit einem kleinen graubraunen Tier. Eine Woche später trabte Robert zu aller Freude wieder wie früher über den Hof.

Hilda Henne war stolz wie Oskar wegen ihres neuen Hühnerhauses, das Bauer Hansen für die Hühner gebaut hatte.

„Ich wusste doch, dass der Bauer uns nicht im Stich lassen würde", sagte sie. „Und die Mäuse fühlen sich auch sehr wohl in ihrem neuen Zuhause – und damit sind alle glücklich."

Die gackernde Ente

Bauer Hansens Ententeich war kein ruhiger Ort – ständig machten die Enten Lärm. Eines Tages kam der Bauer mit einer neuen Ente an. „Seid nett zu ihr, ihr Enten", sagte er streng, „sie ist euer quakiges, quirliges Gehabe nicht gewöhnt!"

Einige Tage lang paddelte die neue Ente schüchtern durch den Teich und sagte kein Wort. Schließlich watschelte Ellen Ente, die neugierig war, zu den Neuen und fragte, ob ihr das neue Zuhause gefiele. Die Ente schaute sie an, öffnete den Schnabel und sagte ihr erstes Wort auf dem Hof Sausewind: „Gacker!"

Ellen war überrascht. Seit wann gab es gackernde Enten? Und am schlimmsten war, dass keine Ente verstand, was die Neue gackerte. Ellen bat Hilda Henne, die einige Fremdsprachen beherrschte, um Hilfe, und Hilda unterhielt sich mit der Neuen.
„Es ist ganz einfach", erklärte Hilda anschließend.

„Diese kleine Ente ist eine Waise. Sie wurde von der französischen Henne einer alten Dame aufgezogen. Deshalb hat sie nie die Entensprache gelernt – wir müssen sie ihr beibringen!"

Die neue Ente, die Edith hieß, war eine gute Schülerin. Ellen und Hilda waren sehr stolz auf sie, als sie schließlich mit einem lauten Quaaaak! in den Teich hüpfte.

Leider ist es am Ententeich jetzt noch lauter als früher!

Susi Schweins Problem

Susi war das älteste Schwein auf dem Hof Sausewind und das größte. Eines Tages kam Bauer Hansen in ihren Stall und kraulte ihr liebevoll den Rücken. „Meine alte Freundin", sagte er, „am nächsten Freitag ist ein sehr wichtiger Tag für dich! Bitte iss so viel, wie du kannst, damit du so groß und fett bist wie möglich."

Susi schluckte. „Ich habe furchtbare Angst", sagte sie später zu Robert Ross, „dass mich Bauer Hansen auf dem Markt verkaufen will." Robert schaute sie ernst an: „Das ist schrecklich", sagte er. „Da gibt es nur eines: Diät!

Niemand verkauft ein dünnes Schwein auf dem Markt!" Deshalb fraß Susi in den nächsten Tagen kaum etwas. Am Freitag aber brachte Bauer Hansen seine Susi nicht auf

den Markt – das hätte er nie übers Herz gebracht. Nein, die beiden gingen zur Landwirtschaftsausstellung. Du hättest sehen sollen, wie stolz sie waren, als sie zum Hof Sausewind zurückkehrten – mit einer Plakette für den ersten Preis, den Susi gewonnen hatte.

Wo ist diese Ziege?

Ziggy Ziege war bei den anderen Tieren auf dem Hof Sausewind nicht beliebt. Man konnte ihm nicht trauen. Für eine Ziege sieht fast alles wie Futter aus, und tatsächlich ist fast alles Futter für sie. Eines Tages aß Ziggy Roberts bestes Zaumzeug. Das alte Pferd war richtig sauer. „Können wir denn gar nichts tun, um diese unangenehme Ziege zu stoppen?" fragte Hilda Henne, die mehrere Strohnester verloren hatte. „Nein, meine Liebe", krähte Henry Hahn. „Es tut mir leid, Ziegen bleiben Ziegen." Und das war fraglos die klügste Aussage, die Henry, der nicht gerade für seine

Intelligenz berühmt war, jemals von sich gegeben hatte. Aber wie sich bald zeigen sollte, mussten die Tiere überhaupt nichts unternehmen – Ziggy erledigte das lieber selbst! An einem sonnigen Morgen lief er in den Garten des Bauers, wo dieser seine Wäsche zum Trocknen aufgehängt hatte. Er mampfte drei Paar Socken, ein halbes Hemd und mehrere Garnituren Unterwäsche.

Als Bauer Hansen das sah, lief er sofort in seine Werkstatt, holte eine dicke Kette und einen noch dickeren Pfosten. Seitdem muss Ziggy sich am Tag mit einem Ballen frischen Grases zufrieden geben, und es gibt keine Socken mehr für ihn!

Hildas Küken

An einem Frühlingstag setzte sich Hilda Henne auf ihr Nest und blieb dort sitzen. Natürlich wussten alle Tiere, was das bedeutete. Hilda brütete ihre Küken aus.

„Wie viele werden es dieses Jahr?" fragte Robert Ross, als er auf dem Weg zur Weide bei ihr vorbeitrabte.

Hilda begann zu zählen: „Äh, zehn und noch ein paar", sagte sie schließlich. Hühner können nicht besonders gut zählen, aber sie sind dafür gut in Fremdsprachen.

Selbst für Hilda waren das viele Eier, aber sie saß und

saß, bis alle dreizehn flaumigen Küken geschlüpft waren. Die ganze Nacht machte sie kein Auge zu, um ihre Kinder zu beschützen.

Am nächsten Morgen aber wurden die Küken unruhig. Eins nach dem anderen tapste auf wackeligen Beinen davon, um die Welt zu erkunden. „Hilfe!" rief Hilda. Dreizehn Kinder waren einfach zu viel – sie konnte doch nicht gleichzeitig in dreizehn Richtungen laufen!

Da richtete Susi Schwein einen Babysitterdienst ein, und jedes Küken bekam einen Onkel oder eine Tante. Hilda seufzte vor Erleichterung und bedankte sich herzlich. „Ich bin gern Onkel", schnaubte Robert, „aber das ist ganz schön harte Arbeit!"

Lala Lamm

Eine dicke Schneeschicht bedeckte die Felder von Hof Sausewind. Bauer Hansen stapfte hinaus, um nach seinen Schafen zu sehen. Gerade als die Schafe ihre Lämmer zur Welt bringen wollten, hatte es angefangen zu schneien, und er war besorgt, dass die Kleinen erfrieren könnten. Du kannst dir vorstellen, wie froh er war, als er alle Schafe gut geschützt hinter einer Hecke fand – und noch keines hatte ein Lamm geboren.

Als die Schafe sicher im Stall waren, zählte er sie zur

Sicherheit noch einmal und bemerkte, dass eines fehlte. Bauer Hansen ging wieder hinaus in die Kälte und suchte alles ab. Plötzlich vernahm er ein leises Geräusch. Es klang, als ob jemand sänge, direkt zu seinen Füßen.

Der Bauer bückte sich und fing an, mit seinen bloßen Händen zu graben. Bald kamen zwei kleine, helle Augen zum Vorschein und gleich darauf zwei weitere. Das vermisste Schaf hatte sein Lamm geboren, und es war das Lamm-Baby, das unter der Schneedecke gesungen hatte! „Ich werde dich Lala nennen", sagte Bauer Hansen erleichtert, „denn wenn du nicht dein Lied gesungen hättest, hätte ich dich und deine Mutter nie gefunden!"

Der Apfelkuchen

Im Sommer kaufte Bauer Hansen ein Paar Gänse. Es waren wunderschöne weiße Vögel, die laut schnatterten, wenn jemand in die Nähe kam.

„In der Gegend ist oft eingebrochen worden", erklärte der Bauer den Gänsen. „Eure Aufgabe ist es, mich zu warnen, wenn Fremde auf den Hof kommen. Als Gegenleistung könnt ihr euch den ganzen Tag in meinem Obstgarten aufhalten."

Am nächsten Tag fuhr der Bauer zur Ernte aufs Feld. Da kamen zwei Männer mit einem alten Lieferwagen auf den Hof. Schnell liefen sie zum Schweinestall, um die Ferkel zu stehlen. Die Ferkel quiekten, aber das war nichts gegen den Lärm, den die Gänse im Obstgarten machten. Sie schnatterten, spreizten ihre Flügel und rannten so schnell zum Lattenzaun, dass sie ihn durchbrachen und in den Hof rauschten, wo die Männer gerade die Ferkel ins Auto luden. Als sie die wütenden Gänse sahen, ließen sie die Ferkel fallen und rannten um ihr Leben.

Bauer Hansen war sehr, sehr zufrieden. Als aber der Herbst kam und die Obstbäume voller Äpfel hingen, wollten die Gänse selbst ihn nicht mehr in den Garten lassen! Doch Bauer Hansen war ein gerechter Mann: „Na schön", sagte er, ihr habt die Äpfel verdient, und ich kann auch ohne meinen Apfelkuchen leben – aber nur dieses Mal!"

Klara und Karla

Als die Tiere eines Morgens Klara Kuh mit einem hübschen jungen Kalb sahen, waren sie überrascht. „Ich wusste nicht, dass sie ein Kalb erwartete", sagte Ellen zu den anderen Enten. Noch überraschender war, wie Klara ihr Kalb behandelte. Sie ging sehr vorsichtig mit ihm um. Schließlich erzählte sie, was los war. Das Kalb kam vom Nachbarhof. „Klara", hatte Bauer Hansen zu seiner mütterlichsten Kuh gesagt, „die Mutter dieses kleinen Kalbs kann es nicht versorgen, deshalb gebe ich es in deine Obhut. Du wirst gut für das Kleine sorgen."

Klara versuchte nett zu sein. Sie gab dem Kalb

süße Milch und den besten Platz im Kuhstall. Aber irgendwie wurde sie nicht so recht warm mit ihrer neuen Tochter. „Ich muss immer daran denken, dass sie nicht mein eigenes Kalb ist", sagte sie zu Hilda Henne. „Und dann heißt sie Karla. Was für ein blöder Name für eine Kuh!"

Das kleine Kalb wurde sehr abenteuerlustig. Eines Tages geriet es in ernste Schwierigkeiten. Karla war in den Ententeich gefallen und konnte nicht schwimmen! Während die Tiere aufgeregt beratschlagten, was zu tun sei, sprang Klara in den Teich und zog Karla mit ihrem Schwanz aus dem Wasser. Sie strahlte, als sie das Kalb trocken leckte.

„Ich habe nur das getan, was jede Mutter tun würde", sagte sie. „Und ich finde, Karla ist ein besonders schöner Name!"

Erste Hilfe

Hilda Henne zögerte normalerweise nicht, ihre Meinung zu sagen, doch manchmal gibt es Dinge, mit denen man etwas vorsichtiger sein muss. Sie vertraute sich ihrer Freundin Hanna an. „Bestimmt ist es schon jemandem aufgefallen! Ich finde, man muss etwas dagegen tun."
„Stimmt genau", pflichtete ihr Hanna bei. Sie wusste sofort, was Hilda meinte. Anfang der Woche war Bauer Hansen am Zaun hängen geblieben und hatte sich ein Loch in die Hose gerissen. Seitdem konnte man ein gutes Stück seiner Unterhose sehen, was er gar nicht bemerkt zu haben schien.

„Ich weiß, was du denkst", sagte Hanna. „Wir beide und einige andere Hennen sollten dem Bauer heute Nacht mal einen kleinen Besuch abstatten."

Gesagt, getan, und spätnachts, als der Bauer schlief, flogen Hilda, Hanna und ihre Freundinnen durchs Fenster und gingen mit Nadeln, Faden und einem Stück Stoff aus einer alten Decke ans Werk.

Am nächsten Morgen erschien Bauer Hansen mit seiner geflickten Hose in ihrer ganzen Pracht. „Meine Damen", sagte Hilda stolz, „wir haben gute Arbeit geleistet. Aber unser Bauer braucht eine Frau, das wird mir immer klarer." Die anderen Hennen nickten. Und wenn sich Hilda Henne etwas in den Kopf gesetzt hat, dann ist daran nichts zu rütteln!

Robert rettet den Tag

Einige der kleineren Tiere auf dem Hof Sausewind hielten sich die Ohren zu. Bauer Hansen war hochrot angelaufen und schimpfte laut – und einige seiner Flüche waren wirklich nicht für kleine Ohren geeignet. Alle wussten, dass ihr guter Bauer nicht wirklich wütend auf seinen alten Traktor war. Er war nur verärgert, weil er nicht ansprang.

„Er hat doch diesen schönen neuen Traktor", meinte Henry Hahn, „warum nimmt er nicht den?" Susi Schwein seufzte: „Na, weil der alte vor dem Scheunentor steht und der neue Trecker in der Scheune drin ist!"

„Kann man ihn nicht beiseite schubsen?"
fragte Henry. „Versuch's doch", schlug Susi vor.
Und Henry, der wirklich nicht der Schlaueste war,
versuchte es tatsächlich!

Der arme Bauer betrachtete gerade traurig
seinen Traktor, als er ein fröhliches Hufegetrappel
hörte. Es war Robert Ross. Bauer Hansen blickte
auf, als Robert ihn freundlich beschnupperte,
und plötzlich strahlte er wieder.

„Robert", rief er, „wie wär's mit etwas
Arbeit auf deine alten Tage?" Mit diesen
Worten spannte der Bauer
Robert vor den Traktor.
Henry war so beeindruckt,
dass er vom Zaun fiel.
Und als der Traktor
endlich aus dem Weg
war, applaudierten alle.

Das Problem mit der Farbe

An einem schönen, windstillen Tag entschied Bauer Hansen, die Türen und Fenster des Hofes Sausewind neu zu streichen. Aber der Bauer war keiner, der gern Geld ausgab. Er durchsuchte seine Werkstatt so lange, bis er schließlich elf – ja tatsächlich elf – alte Farbeimer fand. Da gab es rote, orange, blaue, weiße, etwas silberne, viel grüne, schwarze, hellgelbe, viel braune und lebhaft violette Farbe. „Er kann doch nicht wirklich alle diese Farben nehmen wollen", flüsterte Susi Schwein Henry Hahn zu, „das würde ja schrecklich aussehen!"

In diesem Moment fuhr Anni auf den Hof, um die Eier einzusammeln.

Anni war eine freundliche Frau mit Kleidern, die fast so alt wie die von Bauern Hansen waren.

„Hallo Fritz", rief sie, „was machst du denn da?" Bauer Hansen erklärte es. Nun konnte auch Anni sehen, dass es keine gute Idee war, zehn verschiedene Farben zu nehmen, und das sagte sie auch.

Bauer Hansen sah das schließlich ein, doch die Farbe war zu gut, um sie wegzuwerfen. Er rührte alle Farben in einem Trog zusammen bis ein schlammiges Braun entstanden war.

Das neu gestrichene Haus sah natürlich furchtbar aus. Nur Ellen Ente seufzte glücklich: „Schön", sagte sie, „ich sage ja immer, Schlamm ist unschlagbar!"

Susi hebt ab

Es gibt einen Grund, warum Hof Sausewind so heißt. Er liegt auf einem Hügel und ständig sausen die Winde um ihn herum.

Eines stürmischen Tages, als Henry Hahn zum vierten Mal vom Dach des Hühnerhauses geblasen wurde, rief Klara Kuh die Tiere zusammen. „Der Wind wird immer schlimmer, ich kann mich nicht erinnern, dass er so schlimm war, als ich klein war", sagte sie. „Ich glaube, das liegt an den Windmühlen."
„Welche Windmühlen?", fragte Susi Schwein, „hier gibt es keine Windmühlen."

„Genau", rief Klara, „früher gab's aber welche, und die haben den Wind verbraucht. Jetzt kann er

ungehindert wehen!"
„Egal, warum es mehr Wind gibt – wir müssen einen Weg finden, damit umzugehen", entgegnete Susi. In diesem Moment flatterte eines der Bettlaken von Bauer Hansen vorbei, das er zum Trocknen aufgehängt hatte. Ohne zu zögern packte Susi zu und hob ab. Das erste fliegende Schwein der Welt segelte über den Hof! Hilda Henne hielt sich die Augen mit den Flügeln zu. Plötzlich wurde es windstill. Doch Susi war es egal, ob sie den Wind nun aufgebraucht oder ob er einfach von selber nachgelassen hatte – sie hatte einen wunderbaren Flug genossen, auch wenn die Landung im Ententeich eher ungeplanter Natur war!

Der Besuch

Bauer Hansen bekam nicht oft Besuch. Als er eines Tages den Hof besonders sauber kehrte, wurden die Tiere sehr aufgeregt. „Es kommt jemand!", rief Hilda Henne.

„Vielleicht hat er eine Frau gefunden?" vermutete Ellen Ente voller Hoffnung. „Ich glaube kaum, wann soll er die denn kennen gelernt haben?", zweifelte Hilda.

Die Tiere mussten nicht lang auf den Besucher warten. Zwei Tage später fuhr ein glänzendes

Auto auf den Hof. Eine elegante Dame stieg aus und ging vorsichtig auf ihren hohen Absätzen auf das Haus zu. Bevor sie es erreichte, kam Bauer Hansen heraus. Er trug seinen alten Anzug. „Guten Tag Herr Hansen", sagte die Dame, „wollen Sie mich ein bisschen herumführen?"

„Frau Müller? Bitte kommen Sie mit!" antwortete der Bauer.

„Er mag sie", quakte Ellen, „sie wird Frau Hansen werden!"

„Ruhig, Ellen", flüsterte Hilda, „sie ist nur geschäftlich hier, das sieht doch jeder!" „Ich denke, wir können Ihnen das Darlehen geben", sagte Frau Müller später, als sie wieder in ihr Auto stieg, und Ellen erzählte das den anderen Tieren.

„Sie wird ihn nicht heiraten", sagte sie traurig, „es ging nur um ein Darlehen für eine neue Scheune."

Winzling geht verloren

Obwohl es viele Ferkel auf dem Hof Sausewind gab, hatte Bauer Hansen eines besonders im Auge. Wie seine Großtante Susi Schwein hatte es alle Anlagen, einmal ein Sieger auf einer Landwirtschaftsausstellung zu werden. Er hatte dieses Ferkel „Winzling" genannt. Natürlich hatte Winzling wie Susi auch einen langen, bedeutenden Namen, doch den konnte sich keiner merken. Bauer Hansen wollte Winzling dazu bringen, dass er tüchtig aß, aber zum Erstaunen aller wollte das kleine Ferkel lieber Sport treiben.

Jeden Morgen machte er Dauerlauf und verbrachte später viel Zeit mit Sprung- und Tauchübungen. „Damit wird er nie fett werden", sagte Susi und schüttelte den Kopf.

Eines Tages war Winzling verschwunden. „Er ist doch noch klein", sagte Susi besorgt, „wir müssen den Hof absuchen."

Eine Stunde später versammelten sich die Tiere unter der alten Eiche, aber Winzling war immer noch verschwunden. Allmählich machten sie sich große Sorgen. Doch plötzlich hörte Susi ein leises Quieken. Die Tiere schauten hoch und höher, und – es war kaum zu glauben – in der Krone der Eiche entdeckten sie ein kleines rosa Gesicht. „Ich bin geklettert", sagte Winzling zerknirscht, „aber dann bin ich stecken geblieben." Hilda Henne flog hinauf und half dem dankbaren Winzling wieder hinunter. Von diesem Tag an trieb Winzling viel weniger Sport!

Henry kräht wieder

Eines Morgens, die Sonne stand schon recht hoch am Himmel, trat Bauer Hansen aus der Tür.
„Ich weiß nicht, was los ist", murmelte er vor sich hin, „so spät bin ich noch nie aufgewacht." Als erstes molk er morgens immer Klara Kuh. Er dachte, sie erwarte ihn bereits ungeduldig, doch Klara schlief noch fest, zusammen mit ihrem Kälbchen Karla. Bei Susi Schwein war es nicht anders. Sie schnarchte in einer Ecke, statt ungeduldig auf ihr Futter zu warten. Bald sah Bauer Hansen,

dass alle anderen Tiere auch noch friedlich schliefen. Plötzlich wurde ihm klar, was geschehen war: Jedes Lebewesen auf dem Hof wurde morgens immer von Henry Hahn aufgeweckt – und an diesem Morgen hatte Henry nicht gekräht!

Schließlich fand der Bauer den Hahn, der sich in einer Ecke der Scheune versteckte, und musste lachen. Wie üblich hatte Henry seinen Schnabel in Dinge gesteckt, die ihn nichts angingen, diesmal in einen Eimer Teer. Nun konnte er seinen Schnabel nicht mehr öffnen, weder zum Gackern, noch zum Picken oder Krähen.

Bauer Hansen säuberte ihn gründlich, und eine ganze Woche lang meckerten weder er noch die Tiere, wenn Henry sie morgens mit einem kräftigen Krähen weckte.

Hanna Henne und die Katze

Wenn Hanna Henne sich über irgendetwas ärgert, erfährt das jeder. Eines Morgens ärgerte sich Hanna mehr als üblich. „Diese Katze", gackerte sie, „sie sitzt die ganze Nacht lang auf dem Dach des Hühnerhauses, als ob sie dort wohnen würde!"

Das stimmte. Die dicke, flauschige Katze, die ständig auf dem Hof war, gehörte eigentlich einer alten Dame in der Nachbarschaft. Jedem Morgen bürstete sie Pompon, wie sie die Katze nannte, und schlang ihr ein seidenes Band um den Hals. Sie hatte keine Ahnung, dass Pompon den ganzen Tag auf Hof Sausewind verbrachte.

Bauer Hansen kam gerade aus dem Haus. Als er Pompon sah, hob er ihn hoch. „Ich dachte mir schon, dass du hier bist", sagte er. „Dein Frauchen ist in ein Heim gezogen, wo man sie gut versorgt. Sie hat mich gefragt, ob ich mich um dich kümmern würde. Allerdings brechen jetzt andere Zeiten für Dich an, denn ab sofort bist Du eine Hofkatze!" Damit nahm er Pompon das Seidenband ab. In diesem Moment kam eine der Mäuse, die im alten Hühnerhaus lebten, um mal zu schauen, ob es nicht viel schöner im neuen Hühnerhaus wäre. Die Hennen sahen das mit Entsetzen. Sofort sprang Pompon mit einem Satz ins Hühnerhaus und jagte die Maus weg. Als die Katze wieder herauskam, bedachte Hanna Henne sie mit einem respektvollen Blick und sagte: „Herzlich willkommen auf Hof Sausewind!"

Der Ärger mit Harry Hund

Bauer Hansen versorgte alle seine Tiere gut, doch Harry Hund war sein Liebling. Er hatte viele Jahre lang für den Bauern gearbeitet, aber jetzt wurde er alt. Bauer Hansen machte sich Sorgen um ihn. „Alter Kumpel", sagte er, „Der Wind ist kalt heute morgen. Bleib ruhig im Haus beim Ofen." Aber der alte Hund schaute ihn so traurig an, dass er es nicht über sich brachte, ihn daheim zu lassen. Später sprach Harry mit Susi Schwein über seine Gefühle. „Ich war immer mit Bauer Hansen zusammen", sagte er. „Was ist, wenn ihm etwas passiert und ich nicht da bin, um ihm zu helfen? Nein, ich muss meine Pflicht tun."

Auch Bauer Hansen schüttete Susi sein Herz aus. „Harry kann die Arbeit einfach nicht mehr leisten. Ich habe einen Welpen gekauft, aber ich möchte Harrys Gefühle nicht verletzen!"

Doch Susi spürte, dass alles gut ausgehen würde. Als der Welpe ankam, übertrug ihm Harry gleich seine Pflichten. „Es ist höchste Zeit für mich, in den Ruhestand zu gehen, junger Hund", sagte er. „Jetzt habe ich jemanden, der in meine Pfotenstapfen tritt. Aber erst musst du noch viel lernen! Komm mit und lass die Hennen in Ruhe!"

Ellen Ente rettet den Tag

Wenn besonders viel zu tun war, bat Bauer Hansen oft seine alte Freundin Anni, die Tiere auf dem Hof Sausewind zu versorgen. Nun war Anni nicht die erfolgreichste Bäuerin – manchmal vergaß sie etwas oder sie ließ etwas fallen, doch sie liebte die Tiere sehr, und dafür kann jeder über einen umgefallenen Getreidesack oder ein zu spät serviertes Mittagessen hinwegsehen.

Eines Morgens musste Anni wieder einspringen. „Der Mechaniker kommt, um nach dem alten Traktor zu sehen", sagte der Bauer. „Hier sind die Schlüssel. Es sind die einzigen, die ich habe, bitte verliere sie nicht."

Anni steckte die Schlüssel in die Tasche und wollte Susi Schweins

Frühstück zubereiten. Doch auf dem Weg zum Stall hielt sie an, um ein verirrtes Entchen zum Teich zurück zu bringen. Als sie es ins Wasser setzte, fielen die Traktorschlüssel ins Wasser. Hilda Henne hatte alles gesehen und rannte gleich zu Susi Schwein. „Du kannst doch im Schlamm wühlen und die Schlüssel finden!", sagte sie. „Meine Tauchertage sind vorbei", antwortete Susi. „Schlamm ist das eine, Wasser etwas ganz anderes!"

   Da kam Ellen Ente herbei. „Habt ihr danach gesucht?", quakte sie und ließ die Schlüssel vor Annis Füße fallen. Anni war so dankbar, dass sie Ellen ihre Vesperbrote mit Schinken und Senf schenkte. Ellen teilte sie mit Hilda – wobei auch die Tatsache, dass sie keinen Senf mochte, eine kleine Rolle spielte!

Der Frühjahrsputz

Bauer Hansen hat es gern sauber, aber auf einem Bauernhof ist es gar nicht so einfach, alles sauber zu halten. Deshalb veranstaltet Bauer Hansen einmal im Jahr einen Frühjahrsputz. Alles wird geputzt, vom Schrank unter der Spüle bis zum Dach des Schweinestalls. Und bei der ganzen Putz- und Waschaktion machen alle Tiere mit. Zum Schluss kommt immer das Bauernhaus an die Reihe. Der Bauer trägt alle Möbel in den Hof und saugt das Haus vom Dachboden bis zum Keller. Dann trägt er alle Möbel wieder hinein und plumpst auf sein Sofa – der Frühjahrsputz ist wieder mal für ein Jahr vorbei.

Aber dieses Jahr, als der Bauer gerade wieder im Haus zugange war, passierte etwas

Schreckliches: Es begann zu regnen, und das Wasser rann über die Tische und bildete Pfützen auf den Stühlen!

„Oje, er wird sauer sein", sagte Hilda Henne und suchte Schutz unter einem Stuhl. „Er wird schreien und mit dem Fuß stampfen", pflichtete Hanna Henne ihr bei. „Ich möchte nicht dabei sein, wenn er damit anfängt!"

Nachdem der Regen aufgehört hatte, kam der Bauer in den Hof. Die Tiere warteten ängstlich auf den Wutanfall. Doch der Bauer fing an zu lachen. „So sauber waren meine alten Möbel noch nie!", sagte er. „Ich hoffe, das passiert jetzt jedes Jahr!"

Lala Lamms Liederabend

Eines Morgens schlug jemand mit einem Stock gegen die Regentonne. „Entschuldigt", kam eine leise Stimme. Es war Lala Lamm. „Heute Abend", sagte sie, „gebe ich eine Soiree in der Scheune. Ich werde singen und alle anderen Tiere können mitmachen." Robert Ross fragte, was jeder wissen wollte: „Was ist eine Soareh und müssen wir auch was geben?" „Nein", lachte Lala. „Eine Soiree ist ein Liederabend. Er fängt um sieben Uhr an."

Gegen Abend machte sich Bauer Hansen große Sorgen um seine Tiere, die sich sehr merkwürdig verhielten. Susi Schwein machte außergewöhnliche Geräusche hinter dem Schweinestall. Hilda Henne gackerte auf sonderbare Weise, und er konnte kaum seinen Ohren trauen, als er Robert Ross hörte, der eher muhte als wieherte.

Kurz vor sieben kamen alle in der Scheune zusammen. Die Soiree machte allen großen Spaß und als Höhepunkt sangen alle zusammen das bekannte Bauernhof-Lied:

Bauer Hansen hat 'ne Farm,
　i-ei-i-ei-o!
Auf der Farm lebt Susi Schwein,
　i-ei-i-ei-o!
Was ein Grunz-Grunz hier
und ein Grunz-Grunz da!
Hier ein Grunz-Grunz,
da ein Grunz-Grunz,
überall ein Grunz-Grunz!
Bauer Hansen hat 'ne Farm,
　i-ei-i-ei-o!

Kannst du den Rest selber singen?

Wo ist Klaras Hut?

Nach einigen stürmischen Tagen sah Bauer Hansen, dass es einiges auf Hof Sausewind zu reparieren gab. Da er an so vieles denken musste,

ist es nicht verwunderlich, dass der Bauer nicht so ganz bei der Sache war, als er die letzte Reparatur des Tages vornahm: er wollte Furchtbar Vogelscheuche wieder aufrichten. Furchtbar wurde so genannt, weil er es überhaupt nicht war! Er war die freundlichste Vogelscheuche, die man sich vorstellen kann, und die Vögel flogen von überall her, um sich auf seinen Hut zu setzen. Bauer Hansen wollte schon heimgehen, als er entdeckte, dass Furchtbar gar keinen Hut mehr hatte! Der Bauer schaute sich um und entdeckte unter einer Hecke einen Strohhut. Er setzte ihn Furchtbar auf den Kopf und fand, dass er ihm gar nicht schlecht stand.

Auf dem Hof war allerdings auch Klara Kuh der Hut davon geweht worden. Lala und Karla fanden einen Zylinder und brachten ihn stolz zu Klara. Zwar bemerkte diese sofort, dass das nicht ihr Hut war, aber als sie die erwartungsvollen kleinen Gesichter sah, konnte sie nicht böse sein. Ihr gefiel der neue Kopfputz sogar ganz gut, nur die anderen Tiere lachten schallend. Da entschloss sich Klara, eine gewisse Vogelscheuche zu besuchen. Als sie am Ententeich vorbeikam betrachtete sie sich ein letztes Mal im spiegelnden Wasser. „Mag sein, dass dies nicht wirklich ich bin", sagte sie, „aber eine elegante Kuh wie ich kann alles tragen!"

Der Kuchenwettbewerb

Eines schönen Herbsttages versuchte Bauer Hansen, einen Getreidesack zu heben, aber er war zu schwer und fiel auf seinen Fuß. Der Bauer humpelte davon und rief den Arzt. „Sie dürfen eine Woche lang den Fuß nicht belasten", sagte der Arzt streng. „Lassen Sie Ihre Freunde kommen, um Sie zu versorgen."

Bauer Hansen wusste, dass der Arzt Recht hatte. Sein Fuß schmerzte zu sehr. Er fragte sich gerade, wie er und die Tiere zu ihrem Essen kommen sollten, als ein Besucher nach dem anderen kam. Als Erstes kam Frau Mannheim, die eine spezielle Schokoladen-Baiser-Torte brachte. Eine halbe Stunde später kam Frau Klein mit einem Orangen-Zitronen-

Ananas-Kuchen mit Karamelcreme. Später brachte der Bäcker eine Walnuss-Bananen-Marzipan-Torte und der Doktor einen Vollkorn-Müsli-Dattel-Kuchen. „Tut mir leid", lachte er, „er ist ein bisschen hart, aber gesund!"

Abends kam Anni vorbei. „Ich konnte nicht früher kommen, aber ich habe dir einen Kuchen gebacken. Oh, du hast ja schon viele schöne Kuchen bekommen. Meiner ist bloß ein Apfelkuchen, tut mir leid."

„Gerade auf Apfelkuchen habe ich Lust. Auf dich kann man sich eben verlassen!" freute sich Bauer Hansen. Er genoss seinen Apfelkuchen, und kannst du dir vorstellen, wer die anderen Kuchen genossen hat?

Bauer Hansen geht in die Stadt

Während Bauer Hansen seinen verletzten Fuß pflegte, kümmerte sich Anni rührend um den Hof. Eines Morgens, als Anni die Enten fütterte, drang ein Brummeln und Schimpfen aus dem offenen Schlafzimmerfenster des Bauern. „Was ist denn los?" rief Anni, die hoffte, dass der Bauer nicht wieder etwas auf seinen Fuß hatte fallen lassen. Ellen Ente quakte laut. Sie wusste, was los war. Wenn Bauer Hansen in die Stadt gehen wollte, machte er sich immer fein, und er schimpfte, weil er mit den kleinen Knöpfen seines besten Hemdes nicht gut zurecht kam. Schließlich war der Bauer fertig und fuhr in die Stadt.

„Sieht er nicht gut aus?" fragte Anni Hilda Henne. „Ich glaube, er geht zur Bank."

Doch als der Bauer nach Hause kam, trug er eine große Schachtel und schaute etwas ängstlich drein. Er überreichte Anni die Schachtel. „Ich wollte mich nur bei dir bedanken", sagte er verlegen, „für die harte Arbeit, die du geleistet hast. Ich wüsste nicht, was ich ohne dich getan hätte!"

Anni wurde rot und schaute in die Schachtel. Kurz war sie sprachlos. In der Schachtel war der schönste Hut, den sie je gesehen hatte.

Hilda Henne führte einen kleinen Freudentanz auf. Sie hatte ihre eigenen Hoffnungen für Anni und Bauer Hansen!

Ein Name für einen Neuling

Jedes Jahr wurden viele Tiere auf dem Hof Sausewind geboren und Bauer Hansen gab jedem Neugeborenen einen Namen.

Aber in einem Jahr gab es so viele Tierbabys, dass dem Bauern kaum mehr neue Namen einfielen. Um das Ganze zu vereinfachen, dachte er sich sein eigenes Namenssystem aus. Alle Hühner bekamen Namen, die mit H begannen, wie Hans und Hilde, die Lämmer Namen mit L wie Lilli und Lutz und so weiter.

Als er zu den Entenküken kam, begannen seine Probleme. Es fielen ihm einfach nicht genügend Namen mit E ein. Ende der Woche hatte Bauer Hansen dreiundzwanzig Entennamen zusammen, doch es fehlte ihn noch der letzte.

Am folgenden Tag kam Bauer Hansens Nichte zu Besuch und brachte ihr kleines Töchterchen Rosi mit.

Das Mädchen war von den Tieren begeistert, und Bauer Hansen stellte ihr alle vor. Zum Schluss gingen sie zum Ententeich.

„Hier ist mein Problem", sagte er, „Was glaubst du, Rosi, ist ein guter Name für eine Ente?" Rosi zögerte nicht. „Entchen!", rief sie. Bauer Hansen lachte. „Weißt du, das ist gar keine so schlechte Idee!"

Das Abendrennen

Bei so vielen Tierbabys waren die älteren Tiere Tag und Nacht damit beschäftigt, sie im Auge zu behalten. Als die Babys größer wurden, konnten sie schon in die Felder laufen – aber sie fanden noch nicht wieder nach Hause. Jeden Abend trabte Robert Ross in der Gegend herum, um all die kleinen Hühner-, Enten- und Gänseküken einzusammeln.

Eines Abends versammelte Hilda Henne die Kleinen um sich für ein ernstes Gespräch. Sie erzählte ihnen alles über die Gefahren, die von schnellen Autos, Füchsen, Falken und Jägern ausgingen, bis alle ganz verängstigt waren. „Ihr müsst alle zusammen bleiben", sagte Hilda, „das erhöht die Sicherheit."

Zunächst klappte alles gut. Aber eines Abends blieben die Kleinen wieder verschwunden. Susi Schwein ging auf die Suche und fand sie bald im großen Feld. „Der Weg nach Hause ist zu lang", erklärte eine kleine Ente, „wir sind müde. Unsere kleinen Beine können nicht mehr so weit laufen."

„Oh, dann könnt ihr also nicht am großen Abendrennen teilnehmen?" fragte Susi.

„Welches Rennen?" quiekten die Kleinen neugierig. „Wir sind bereit!" „Der Gewinner ist der erste, der auf dem Hof ankommt", sagte Susi, „Achtung, fertig, los!" Die Kleinen rannten so schnell die Füße sie trugen – von da an jeden Abend.

Susi Schweins Tanzunterricht

Hilda Henne war sehr beschäftigt. Sie gab allen Küken Tanzunterricht, und einige ältere Vögel machten auch mit. Robert Ross wunderte sich. „Warum bloß sind alle so begeistert vom Tanzen?"

Die Tanzlehrerin machte eine geheimnisvolle Miene. „Nun ... man weiß ja nie, ob es nicht bald eine Party oder so was geben könnte, da will man sich schließlich nicht blamieren!" Eines Tages, als die Tanzstunde gerade zu Ende war, hörte Hilda ein merkwürdiges Geräusch aus dem Schweinestall.

„Pssst! Pssst!"

„Was ist los, Susi", fragte Hilda. „Hast du deine Stimme verloren?" „Nein", flüsterte Susi, „ich will nur nicht, dass die anderen Tiere zuhören. Ich wollte dich bitten, mir ein paar private Tanzstunden zu geben. Es ist mir zu peinlich, in deine normalen Stunden zu kommen." „Das geht aber nicht in deinem Stall", antwortete Hilda, „er ist zu klein. Komm mit auf die Wiese."

Und so kam es, dass das kleinste Küken, als es nachts kurz aufwachte, ein seltsames Erlebnis hatte: Es sah ein Schwein, das im Licht eines riesigen Erntemonds wunderschön tanzte.

Eine Frau für Bauer Hansen

In letzter Zeit schien Anni öfter als früher auf dem Hof Sausewind auszuhelfen. Hilda Henne hielt die Augen offen. Sie war sicher, es war nur noch eine Frage der Zeit, dass Bauer Hansen sie bitten würde, seine Frau zu werden.

Doch es vergingen Tage, es vergingen Wochen. Es wurde kälter, doch nichts passierte. „Was ist los mit dem Bauern?", murmelte Hilda. „Nun, es ist schwirig für einen Mann", meinte Henry, „man darf diese Dinge nicht überstürzen!" „Das musst du mir nicht sagen", gab Hilda zurück, „du hast dich ja nicht getraut, mich zu fragen, ob ich dich heiraten

142

will, das musste ich übernehmen!" „Ich glaube nicht, dass Anni den Bauern fragen wird", meinte Henry.

Damit lag Henry, wie so oft, ganz falsch. Eines Tages kam Anni auf den Hof, in der einen Hand einen Weihnachtsbaum, in der anderen eine Schachtel mit Weihnachtsschmuck. „Bald ist Weihnachten", sagte Anni, „und ich kann den Gedanken nicht ertragen, dass du ganz allein bist. Ich habe lange genug gewartet, dass du etwas sagst, Fritz, aber ich sehe, dass ich es selber tun muss. Es ist höchste Zeit, dass du heiratest!" „Aber …", sagte Bauer Hansen, der rot wurde und gleichzeitig ganz glücklich aussah. „Ja, ich meine, mich!", lachte Anni und konnte plötzlich auch nichts mehr sagen.

„Na endlich", sagte Hilda Henne lächelnd.

Der Ärger mit dem Baum

Wenn es auf Hof Sausewind stürmt, dann richtig. Eines Nachts verkrochen sich die Tiere tief ins Stroh und hielten sich die Ohren zu, denn draußen tobte ein Orkan.

Am nächsten Tag sahen alle, was der Sturm angerichtet hatte. Ein großer Baum war quer über den Innenhof gefallen, hatte gerade noch das Hühnerhaus verfehlt, aber die Stalltür von Robert Ross verbarrikadiert. Natürlich war das nicht das erste Mal, dass ein Baum umgeweht worden war auf Hof Sausewind, aber dieser hatte wirklich viel Schaden angerichtet. Bauer Hansen hatte Tränen in den Augen, als er auf die Verwüstungen blickte. Er konnte an nichts anderes denken als an die Zeit und das Geld, die es kosten würde, alles wieder in Ordnung zu bringen.

Da kam Anni und schaute sich erleichtert um. „Da haben wir ja richtig Glück gehabt", sagte sie. „Glück?!" Der Bauer sah sie verständnislos an. „Wie kannst du sagen, dass das Glück ist?" Anni lächelte. „Kein einziges Tier ist verletzt und du auch nicht, Fritz. Wenn das kein Glück ist!"

Bauer Hansen grinste. „Da hast du Recht", sagte er, „wie immer. Keine Sorge, Robert, bald bist du wieder frei. Und dann kann Weihnachten kommen!"

Das geheimnisvolle Geräusch

Weihnachten war schließlich gekommen und alle Tiere auf Hof Sausewind hatten es sehr genossen. Klara hatte einen neuen Hut bekommen – es war ein alter von Anni, der aber ein schönes neues Band bekommen hatte –, Robert wurde der stolze Besitzer eines Namensschilds über seiner Stalltür, und alle anderen Tiere hatten auch etwas bekommen. Nur Susi Schwein war nicht richtig glücklich. Erst dachte sie, dass ihr das Essen nicht bekommen wäre, aber nach und nach wurde ihr klar, was sie störte. Da drang so ein komisches, summendes Geräusch in ihren Ohren: Summ, summ, summ.

Susi überlegte krampfhaft, was das sein könnte, war sich aber sehr sicher, dass es keine Biene und auch kein Küchengerät sein konnte. Gerade, als Susi glaubte, es nicht länger ertragen zu können, kam Pompon, die Katze. „Bei Dir ist es also, Susi", rief sie, sprang in eine Ecke von Susis Stall und tauchte wieder auf – mit einer Aufziehmaus! Sie war

in den Stall gerollt und an der Wand stecken geblieben.

„Danke, Susi", schnurrte Pompon, „und fröhliche Weihnachten!" „Dir auch, Pompon", antwortet Susi, „und uns allen ein friedliches neues Jahr." Sie lächelte und blickte bedeutungsvoll auf die Maus. Die machte nur „Summ, summ, summm", und was das bedeutet, bleibt ihr Geheimnis.

Anni hält die Stellung

Kurz nach Weihnachten war es Zeit für die Geburt der Lämmer. Jede Nacht blieb Bauer Hansen bei seinen Schafen, um sicher zu stellen, dass die kleinen, wolligen Lämmer gut auf die Welt kamen. Schließlich war er völlig erschöpft.

„Besuch doch deine Schwester für ein paar Tage", schlug Anni vor, „ich halte derweil die Stellung." Dass Bauer Hansen nichts dagegen sagte, zeigt, wie erledigt er war. Am nächsten Tag ratterte er mit seinem alten Lastwagen davon. Anni ging an die Arbeit. Sie wollte, dass alles gut lief, solange der Bauer weg war. Doch alles, was schief gehen konnte, ging schief. Anni stolperte und ließ die Eier fallen. Sie fiel gegen das Hühnerhaus und schlug ein Loch ins Dach. Hilda Henne wurde es Angst und

Bange. Sie konnte den Gedanken nicht ertragen, dass Bauer Hansen böse mit Anni sein könnte, und so sprach sie ein paar deutliche Worte mit den anderen Tieren. Die Hennen strengten sich an, um neue Eier zu legen. Ziggy Ziege tat seine Pflicht und aß alle herumliegenden Eier auf. In der Zwischenzeit reparierte Anni das Dach des Hühnerhauses, das nachher so gut wie neu aussah.

Als Bauer Hansen wieder heim kam, lächelte er beruhigt, als er den friedlichen Bauernhof sah. „Wenn du da bist, Anni, gibt es nie Probleme", sagte er glücklich. Doch ihre Antwort hörte er nicht, weil auf einmal ein paar Hühner furchtbar laut zu gackern anfingen!

Nicht so schüchtern, Winzling!

Susi Schwein war besorgt wegen Winzling. „Ich weiß, viele junge Tiere sind schüchtern", sagte sie zu ihrem Freund Robert Ross, „aber Winzling sagt kein Wort. Er wird nur rosa – ich meine mehr rosa als normal – und er versteckt seinen Kopf im Stroh. Was soll ich mit ihm machen?"

„Es ist normal für ein Kind, schüchtern zu sein", meinte Robert. „Aber Winzling wird älter", sagte Susi, „er sollte langsam aus seiner Schüchternheit herauswachsen."

Ja, Winzling war inzwischen ein prächtiger junger Eber geworden und bald so groß wie Susi. Dann brachte Bauer Hansen eines Tages eine neue Schweinedame auf den Hof. Sie hieß Filomena. Es war klar, dass Winzling sehr interessiert an Filomena war. Aber er war so schüchtern, dass er sie nicht ansprechen konnte. „Ich weiß einfach nicht, was wir dagegen tun können", sagte Susi zu Robert. „Ich schäme mich für das junge Schwein. Als ich jung war, wurde ich von vielen Ebern angesprochen."

Doch am nächsten Tag, als Filomena über den Hof lief, war Susi erstaunt, als sie plötzlich eine laute Stimme hörte. „Vorsicht!" Es war Winzling! Filomena hörte die Warnung und konnte gerade noch ausweichen, als eine große Leiter umfiel.

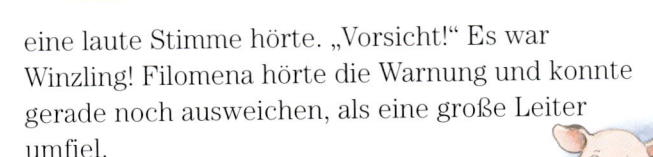

Danach sprach Winzling auch nicht viel mehr, aber er und Filomena waren seitdem sehr glücklich miteinander. Und Susi war beruhigt …

Der alte Traktor

Bauer Hansen schüttelte den Kopf. „Es hat keinen Sinn mehr, Anni", sagte er. „Ich muss vernünftig sein. Der alte Traktor macht mehr Ärger, als er wert ist. Ich rufe den Autohändler an, damit er ihn abholt."

An den nächsten Tagen bemerkten die Tiere, dass der Bauer öfters traurig vor dem alten Traktor stand. Er erinnerte sich gut daran, wie stolz er gewesen war, als sein Vater ihn darauf das Treckerfahren lehrte. Es kam ihm so vor, als ob er einen alten Freund verkaufen wollte. Als der Traktor schließlich abgeholt wurde, ging der Bauer ohne

ein Wort davon, um nach seinen
Schafen zu sehen.

Nach ein paar Tagen, als
Anni und der Bauer zusammen
auf dem Feld arbeiteten, sagte
er plötzlich: „Anni, ich war
heute Morgen in der Stadt und
habe eine Kleinigkeit für dich gekauft. Tut mir leid,
dass ich nicht eher daran gedacht habe."

Anni öffnete die kleine Schachtel und freute
sich sehr: es war ein Verlobungsring. „Aber wie konntest du dir den leisten …?", fing sie an und verstummte mitten im Satz. „Oh, Fritz, du hast doch
nicht etwa den Traktor wegen mir verkauft?"
„Du bist es wert", lächelte der Bauer.

Am Abend kam ein Lastwagen
auf den Hof Sausewind gefahren.
Der Bauer strahlte über das
ganze Gesicht, als er seinen
alten Traktor auf der Ladefläche entdeckte. „Das ist mein
Geschenk für dich, Fritz", sagte
Anni. „Ach, Anni! Ich bin ein
glücklicher Mann!", entgegnete
Bauer Hansen fröhlich.

Ein Ständchen im Mondlicht

Der Hof Sausewind war immer schon ein geschäftiger Ort, doch in den Tagen vor der Hochzeit war unglaublich viel los. Die Trauung sollte in der nahen Stadt sein, aber danach waren alle Gäste zum Fest auf den Hof eingeladen. Obwohl Bauer Hansen kein Mann war, der leichtfertig Geld ausgab, wollte er ein wunderbares Hochzeitsfest ausrichten.

Es war ein ständiges Kommen und Gehen – die Leute brachten Lebensmittel, Blumen, Geschenke und geheimnisvolle Päckchen aller Art. Die Tiere bemühten sich, nicht im Weg zu sein.

Am Abend vor der Hochzeit konnte Hilda Henne den Bauern im Haus auf und ab gehen sehen. „Er braucht doch seine Nachtruhe", sagte sie besorgt, „Was ist nur los?" „Ich weiß, was los ist", antwortete Henry Hahn. „Er macht sich Gedanken wegen morgen. Deswegen findet er keinen Schlaf." „Dann müssen wir ihm helfen", sagte Hilda und rief alle Tiere zusammen. „Wir bringen ihm ein Ständchen. Lala Lamm wird das Solo singen", sagte sie. „Los jetzt, alle zusammen, eins, zwei, …" Die Tiere sangen wunderschön, aber Bauer Hansen schaute verärgert aus dem Fenster und rief: „Was soll der Lärm?" Hilda Henne lachte: „Seht ihr: Jetzt fühlt er sich besser, weil er jemanden anmeckern konnte!"

Hochzeit auf Hof Sausewind

Bauer Hansen stand früh auf an seinem Hochzeitstag. Um halb zehn waren alle wichtigen Aufgaben erledigt und er ging ins Haus, um sich fein zu machen. Als er wieder heraus kam, war er kaum wiederzuerkennen. Alle Tiere beobachteten ihn, als er in seinen alten Laster stieg und wegfuhr. „Er ist weg!" gackerte Hilda Henne und raste über den Hof, so schnell sie konnte. „Wir haben nicht viel Zeit, auf geht's!" Und alle Tiere arbeiteten wie wild. Die Hennen sammelten die Blütenblätter der Heckenrosen ein. Pompon, die Katze, die geschickte kleine Pfoten hatte, band den weiblichen Tieren Schleifen um den Hals und brachte den Hut von Klara Kuh in Form. Als alle fertig waren, versteckten sie sich, denn sie konnten schon von weitem den Lärm hören, den das alte Auto des Bauern machte. Der Lastwagen hielt vor dem Haus. Der Bauer stieg mit einem verliebten Lächeln im Gesicht aus und öffnete die Beifahrertür, um der neuen Frau Hansen herauszuhelfen. Sie sah einfach umwerfend aus. „Die Gäste werden gleich hier sein, Schatz", sagte der Bauer. „Doch ich freue mich schon darauf, wenn wir beide allein sind, nur du und ich!"

„Jetzt!" rief Hilda, und alle Tiere kamen aus ihren Verstecken, um zu gratulieren. „Offenbar werden wir nie ganz allein sein!" lachte Anni.

Arthurs Arche

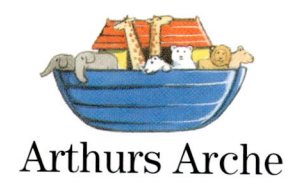

An einem Frühlingstag besichtigte eine Schulklasse den Hof Sausewind. Der Lehrer hatte das mit Fritz und Anni Hansen ein paar Wochen zuvor besprochen. Am Tag des Besuchs war es kalt und bewölkt. Wie Bauer Hansen befürchtet hatte, war die Erde überall ziemlich aufgeweicht. Als die Kinder aus ihrem Bus kletterten, sah er erfreut, dass alle Gummistiefel anhatten. Alle bis auf einen kleinen Jungen. „Arthur ist erst diese Woche von einer anderen Schule zu uns gekommen", sagte der Lehrer. Er ist sehr geschickt mit seinem Rollstuhl und freut sich riesig auf die Tiere."
Aber Arthur sah nicht viel vom Hof.

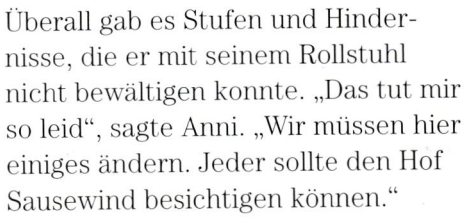

Überall gab es Stufen und Hindernisse, die er mit seinem Rollstuhl nicht bewältigen konnte. „Das tut mir so leid", sagte Anni. „Wir müssen hier einiges ändern. Jeder sollte den Hof Sausewind besichtigen können."

Nach dem Abendessen sagte Bauer Hansen zu Anni: „Ich mache Arthur ein Geschenk, um ihm zu zeigen, wie leid es mir tut." Er ging in seine Werkstatt und schnitzte viele kleine Tiere und eine hölzerne Arche. Als Arthur das Geschenk auspackte, sagte er aber: „Vielen Dank! Aber eigentlich wollte ich Schweine und Schafe sehen!" Bauer Hansen verstand das. Er kehrte in die Werkstatt zurück und schnitzte kleine Modelle von allen Tieren auf dem Hof. Jetzt strahlte Arthur. „Das ist fast so gut, wie selber den Hof zu besichtigen", sagte er. „Wir werden dafür sorgen, dass du das nächste Mal alles selber sehen kannst", versprachen Anni und Fritz Hansen.

Das Mondschwein

Susi Schwein wartete ungeduldig auf ihr Frühstück. Wo war Anni? Ein paar Minuten später hörte sie das Klappern von Eimern und Bauer Hansen kam in den Stall. „Hier ist dein Frühstück, meine Liebe", sagte er. „Es tut mir leid, dass es etwas später geworden ist, aber Anni muss sich etwas schonen." Winzling hörte das und wunderte sich laut darüber, was wohl auf Hof Sausewind vor sich ging. „Das ist mysteriös", sagte er, „das meint meine liebe Filomena auch."

„Was ist los?", fragte Susi. „Die Eier wurden nicht rechtzeitig eingesammelt", sagte Winzling. „Und Anni trägt Hemden von Bauer Hansen – ich finde das sehr seltsam."

„Ich glaube, sie wird zu dick für ihre Kleider", antwortete Susi, die übers Dickwerden genau Bescheid wusste. „Es ist immer noch sonderbar", sagte Winzling. „Und dann ist da noch das Mondschwein. Wenn das Mondschwein blau wird, bedeutet das, dass seltsame und wunderbare Dinge vor sich gehen. Und das Mondschwein war die ganze Woche blau." „Das ist es immer um diese Jahreszeit", meinte Susi abfällig.

Aber in dieser Nacht flüsterte Winzling dem Mond zu: „Es interessiert mich nicht, was Susi sagt. Etwas Seltsames und Wunderbares geschieht, und zwar schon sehr bald!"

Du wirst es nicht glauben!

Eines Morgens rannte Winzling über den Hof und traf Ellen Ente. „Jetzt weiß ich, was los ist", keuchte er. „Ich weiß, was in den vergangenen Wochen so seltsam hier war. Ich habe gerade Anni und Bauer Hansen belauscht. Du wirst es nicht glauben!" Er flüsterte ihr etwas ins Ohr. „Du hast Recht", sagte Ellen, „ich glaube kein Wort." Daher lief Winzling zu Klara Kuh. „Unsinn, junges Schwein", wies auch sie ihn ab. Ziemlich verzweifelt suchte er Robert Ross auf. „Ich glaube, das kann nicht sein!", sagte das alte Pferd.

Winzling saß traurig auf einem Strohballen, als Hilda Henne vorbei kam. „Was ist los, Winzling?", fragte sie. „Ich kenne ein großes Geheimnis", sagte Winzling. „Ich habe es allen erzählt, aber niemand glaubt mir."

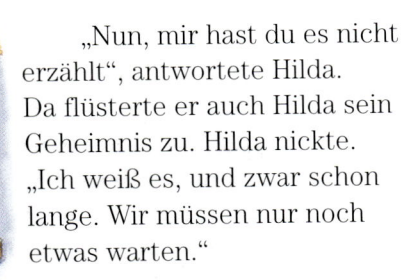

„Nun, mir hast du es nicht erzählt", antwortete Hilda. Da flüsterte er auch Hilda sein Geheimnis zu. Hilda nickte. „Ich weiß es, und zwar schon lange. Wir müssen nur noch etwas warten."

Drei Wochen später kam mitten in der Nacht ein Auto zum Hof Sausewind, und bald darauf drang ein seltsames Geräusch durch die stille Nacht. „Ein Baby!", rief Robert. „Aber …", quakte Ellen. „Aber …", muhte auch Klara. „Aber …", riefen alle gemeinsam, das heißt, du hattest Recht, Winzling! Das sind ja wunderbare Neuigkeiten!" Da lehnte sich Bauer Hansen aus dem Fenster und sagte: „Pssst!"

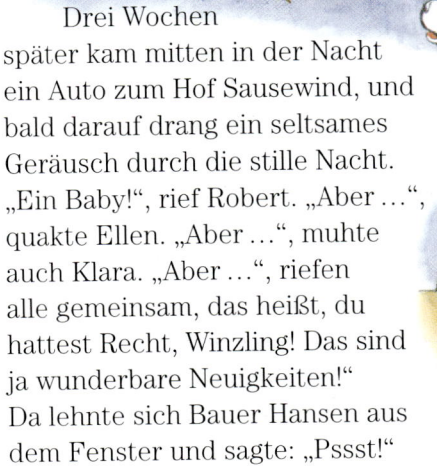

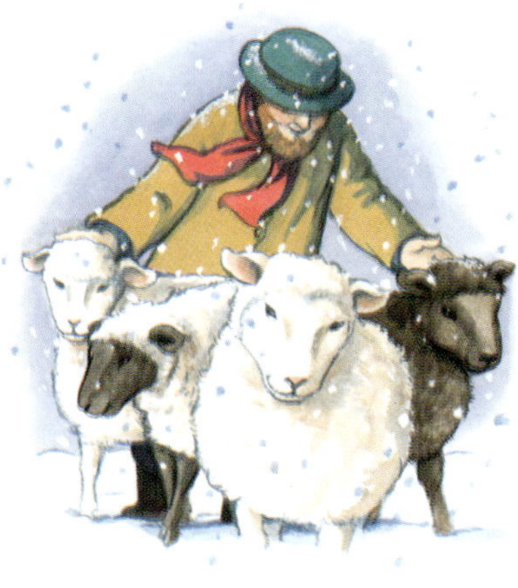

Katzengeschichten

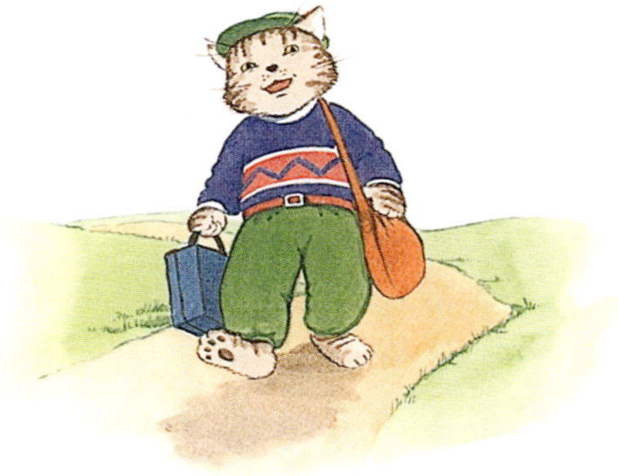

Hier ist die Katzenbande!

Diese fünf kleinen Katzen haben nichts als Unsinn im Sinn! Jetzt wirst du sie näher kennenlernen.

Schleckermäulchen

Pummel

Tiger

Fluffi

Mopsi

Wo ist dieses Kätzchen?

Wenn eine Mutter fünf Kinder hat, fehlt es ihr bestimmt nicht an Arbeit. Eines Morgens machte Mama Katze gerade das Frühstück. „Eine Schale Müsli für dich, eine Schale Müsli für dich, eine für dich, eine für dich und eine für … Moment mal, wo ist das Kind?" Das fünfte Kätzchen fehlte.

Mama Katze suchte überall, aber sie fand das Kätzchen nicht. „Nun, eines von euch muss wissen, wo euer Bruder ist", sagte sie. „Ich weiß nicht", miaute Fluffi. „Ich habe ihn nicht gesehen", sagte Pummel. „Ich auch nicht, Mama", sagte Mopsi. Als sich die Mutter aber ihrem vierten Kind zuwandte, war klar, dass das etwas wusste. „Er ist auf einem Kletterabenteuer", bekannte Schleckermäulchen.

Mama Katze runzelte die Stirn und seufzte: „Tatsächlich? Ich hoffe, er hat eine Sauerstoffmaske mitgenommen! Im Hochgebirge wird die Luft sehr dünn. Es ist dort schwierig für ein Kätzchen, ohne extra Sauerstoff zu atmen. Und das ist sehr gefährlich!"

Bevor Schleckermäulchen etwas sagen konnte, hörten alle einen kläglichen Ton.

„Hilfe", rief jemand von einem sehr hohen Ort herunter, „Hilfe, miau, Hilfe!" Mama Katze musste nicht lang suchen. Sie langte gleich auf den Küchenschrank und förderte ein verschüchtertes Kätzchen zu Tage.

„Oh, sagte Tiger, „hinauf kann ich schon sehr gut klettern, aber hinunter – und das ohne Sauerstoff…" „Ich habe gehört", lächelte Mama Katze, „dass Müsli in manchen Situationen genau so hilft wie Sauerstoff. Kein Klettern mehr bis nach dem Frühstück!"

169

Tiger hat Pech

Einige kleine Katzen kommen einfach ständig in Schwierigkeiten. Sie versuchen immer, brav zu sein. Sie wollten ihre Gäste nicht mit Pudding bekleckern – dennoch muss sich Tante Flora die Schnurrhaare putzen. Sie laufen so schnell sie können, um rechtzeitig zum Abendessen daheim zu sein, dennoch wartet Mama Katze grimmig an der Türschwelle mit einer Platte verbrannter Würstchen. Genau so ein Kätzchen war Tiger.

Eines Morgens schaute Tiger auf den Kalender und sah, dass es Muttertag war. Alle seine Geschwister hatten kleine Geschenke für Mama, er aber nicht. Tiger schämte sich. Leise schlich er hinaus, um ein Geschenk zu kaufen. Doch oje – immer wenn er etwas Gutes tun wollte, kam er im Schwierigkeiten. Erst blieb er an einem Dornbusch hängen und zerriss seine Hose. Dann, als er nachschauen wollte, ob man seine Unterhose sehen könnte, fiel er in einen Teich. Und als er sich wieder sauber machen wollte, plumpste sein Geld ins Wasser. Es war schon spät und fast dunkel, als ein schmutziges, müdes Kätzchen in die Arme der Mutter stürzte, die ihn ängstlich erwartet hatte. Weinend erzählte er die ganze Geschichte. Aber Mama Katze gab ihm einen dicken Kuss und sagte: „Mein schönstes Geschenk ist, dass du gesund und sicher wieder daheim bist!"

Die Ausreißer

Fast jedes Kätzchen sammelte etwas: Einige sammelten Briefmarken, andere Muscheln oder Blätter und in der Schule liebten sie es, sich gegenseitig ihre Schätze zu zeigen.

Sogar Tiger hatte eine Schachtel mit interessanten Federn. Nur Georg sammelte nichts. Es schien ihm, dass alles, was ihn interessierte, schon von einem anderen Kätzchen gesammelt wurde.

Eines Morgens grub er für seine Oma ein Stück Garten um und hatte plötzlich eine Idee. „Da ist etwas, was mich interessiert", murmelte er, „ich fange heute mit dem Sammeln an."

Und er entschied, niemanden etwas von seiner Sammlung zu erzählen. Er nahm sie mit in die Schule, um sie sicher in seinen Schrank einzuschließen.

Doch er wusste nicht, dass die Schränke jede Woche geputzt

werden. Diese Woche ließ die Putzfrau Georgs Schranktür einen Spalt offen.

Am nächsten Morgen besprach die Lehrerin gerade ein paar Rechenaufgaben, als sie plötzlich einen Schrei ausstieß.

„Iiiihhh, etwas Glitschiges ist gerade über meinen Hals gekrochen!" Und im selben Moment sprang Mopsi auf ihren Tisch: „Etwas bewegt sich auf meinem Heft!"

Und schon schrieen alle durcheinander. Nur Georg blieb ruhig. „Stopp!", rief er, „ihr erschreckt sie!"

Alle drehten sich nach ihm um. „Es ist nur meine Wurmsammlung", erklärte er, „es sind siebzehn Stück." Es dauerte lange, bis die Klasse alle Würmer gefunden hatte. Kannst du ihnen helfen?

Bellas Geburtstag

Die meisten Kätzchen sind freundlich und lustig, aber manchmal trifft man eines, das ziemlich eingebildet ist. Als Bella ihre Freunde zum Geburtstag einlud, ließ sie keinen Zweifel daran, dass es die größte und beste Party aller Zeiten werden würde.

Bella lebte in einer schicken Villa. Als die Gäste ankamen, begrüßte sie sie an der Tür. „Kommt herein!", sagte sie, „aber putzt eure Pfoten sorgfältig ab. Ihr armen Kätzchen seid wahrscheinlich keine kostbaren Teppiche gewohnt."

Es wäre eine tolle Party geworden, wenn Bella nicht immer versucht hätte, im Mittelpunkt zu stehen.

Selbst der Zauberer, der Große Kat, hatte bald genug von ihren Kommentaren. „Ich weiß, wie das funktioniert!", sagte sie, als der Große Kat einen Blumenstrauß aus seinem Hut gezaubert hatte. „Alle mal herhören!" rief Bella, als die Zaubershow vorbei war, „Kommt mit in den Garten, dort werde ich fotografiert." Die Gäste gingen in den Garten, wo Melinda Felini, eine berühmte Fotografin, wartete. „Du könntest diese riesigen Ballons halten, Bella", schlug sie vor. Und plötzlich

schwebte Bella auf und davon! Manche meinten, dass der Große Kat den Wind herbeigezaubert habe. Andere sind davon überzeugt, dass Bella seitdem ein freundliches und ruhiges Kätzchen ist …

Das Problem mit dem Päckchen

An einem kühlen Herbsttag nieste und schniefte Mama Katze und saß matt in ihrem Sessel.

„Du bleibst hier im Warmen und wir werden alles erledigen", sagten die Katzenkinder freundlich. Tiger und Schleckermäulchen können dieses Päckchen zum Bauern Felix bringen, er hat Geburtstag heute. Das Päckchen war nicht schwer, hatte aber eine merkwürdige Form. Die Kätzchen merkten bald, dass sie ein Problem hatten:

Der Wind liebte das Päckchen! Erst blies er so stark, dass die beiden es kaum halten konnten. Dann, als sie schon beim Bauernhof waren, wickelte er das Geschenkband um einen Pfosten, so dass Tiger zehn Minuten brauchte, um es wieder zu entwirren.

Bauer Felix war begeistert. Das Geschenk war zu groß, um es ins Haus zu bringen, deshalb öffnete er es im Hof. „Vorsicht!", warnte Schleckermäulchen, „Der Wind spielt gern damit. Es könnte davonfliegen!"

Aber der Bauer lachte nur: „O nein, der Wind kann jeden Tag damit spielen, und er wird doch nicht davonfliegen. Das ist der schönste Wetterhahn, den ich je gesehen habe!"

Neugierige Kätzchen

Tiger trat nach einem Blatt auf dem Weg. „Mir ist langweilig!", sagte er, „wir haben alle normalen Spiele gespielt."

„Kommt, wir besuchen Bauer Felix", schlug Schleckermäulchen vor. „Wir können mal schauen, wie der neue Wetterhahn auf dem Dach aussieht." Bevor sie zum Bauernhaus kamen, trafen sie Felix, der auf dem Feld mit seinem Traktor arbeitete. „Ja, schaut euch den Hahn nur an", sagte der Bauer. „Aber nicht die Scheunentür öffnen!" Die Kätzchen bewunderten den Wetterhahn.

"Was nun?", fragte Pummel. Tiger antwortete nicht. Er betrachtete die Scheune. Die anderen

Kätzchen auch. „Ich möchte wissen, was da drin ist", sagte Pummel. Und die fünf unartigen Kätzchen schlichen zur Scheunentür. Sie versuchten, durch die Astlöcher zu spähen, konnten aber nichts sehen. „Kommt", sagte Pummel, „wir öffnen die Tür einen winzigen Spalt!" Fluffi ging auf Zehenspitzen, um den Riegel zurückzuschieben. Pieps! Quiek! Quack! Die Kätzchen stolperten rückwärts, als zwanzig Federbällchen aus der Scheune stürmten.

In diesem Moment kam Bauer Felix zurück und war ziemlich sauer. „Jetzt müsst ihr sie wieder einfangen!", schimpfte er.

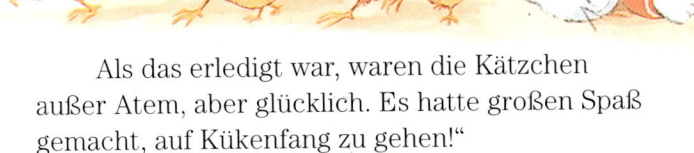

Als das erledigt war, waren die Kätzchen außer Atem, aber glücklich. Es hatte großen Spaß gemacht, auf Kükenfang zu gehen!"

Das Pfotenabdruck-Rätsel

Eine ganze Woche lang hatten die Kätzchen zu Hause bleiben müssen, weil es draußen stürmte und schneite. Die meiste Zeit spielten sie Detektive. Schließlich schaute Mama Katze hinaus und sagte: „Es schneit nicht mehr und die Sonne scheint. Zieht euch warm an und spielt draußen."

Tiger war zuerst fertig. Er schlüpfte durch die Hintertür und rief: „Kommt und sucht mich!" Als die anderen Kätzchen die Vordertür öffneten, war Tiger nirgends zu sehen, aber eine deutliche Pfotenabdruck-Spur führte von der Hintertür zum Gartentor. Doch dort hörten die

Abdrücke auf. Die Kätzchen rätselten und rätselten, aber Tiger schien spurlos verschwunden zu sein. Plötzlich hörten sie ein Kichern.

„Reingelegt, Detektive!", gluckste er. „Es ist ganz einfach: Ich bin zum Gartentor gelaufen und dann wieder zurück – rückwärts in meinen eigenen Fußspuren! Ha, ha, ha!"

Platsch! Ein Schneeball traf Tiger mitten auf die Nase, und die nächste Stunde lang hatten die Detektive genügend Spaß damit, sich an Tiger zu rächen!

Der Picknickkuchen

Es war schönes Wetter und Mama Katze hatte eine Überraschung für ihre Kinder. „Wir machen einen Ausflug mit Picknick", kündigte sie an. „Wenn ihr belegte Brote macht, backe ich einen Kuchen für uns." „Wie wär's mit Kirschkuchen?", fragte Tiger. „O nein, Mama", riefen Fluffi und Schleckermäulchen im Chor, „wir hätten gern Apfelkuchen!" Mopsi und Pummel dagegen wünschten sich Pflaumenkuchen. „Was soll ich mit euch machen", seufzte Mama Katze, „ich werde euren Vater fragen, was er möchte!" Papa Kater lächelte: „Das ist mir egal, alle deine Kuchen sind köstlich!"

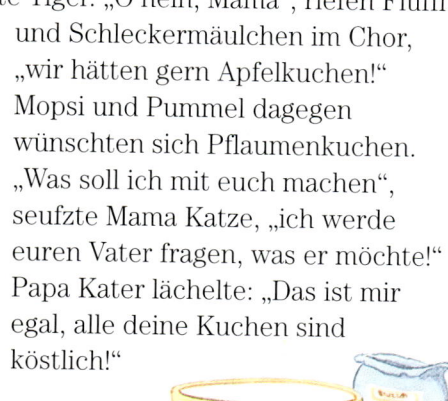

„Dann entscheide ich", sagte Mama Katze.
Eine Stunde später war das Picknick fertig. Die Familie wanderte durch den Wald und machte Rast auf einer Wiese, um ihre Brote zu genießen. Schließlich war es Zeit für den berühmten Kuchen. „Ihr dürft nichts sagen, bevor ihr ihn nicht gekostet habt", sagte die Mutter.

Tiger nahm einen Bissen. „Oh, Kirschkuchen!", rief er, „danke, Mama!" „Aber da sind ja auch Äpfel drin!", grinsten Fluffi und Schleckermäulchen. „Und Pflaumen", meinten Mopsi und Pummel. „Es ist ein gemischter Obstkuchen", lächelte Mama Katze, „in dem für jedem was drin ist." „Das ist der Kuchen, der mir am allerbesten schmeckt!", sagte Papa Kater.

Das Monster

Eines Tages sollten die Kinder im Unterricht lesen üben, aber die Kätzchen wollten einfach nicht still sitzen. Nach vielen Ermahnungen rollte die Lehrerin die Ärmel hoch und blickte sehr streng. „Während ihr eure Bücher lest, muss ich den Abstellraum aufräumen", sagte sie.

„Nein, nein", riefen die Kätzchen, „das können doch wir tun!" Sie brannten alle darauf, endlich zu erfahren, was sich hinter der Tür des Abstellraums verbarg. „In Ordnung", sagte die Lehrerin, „aber ihr müsst sehr, sehr vorsichtig sein. Einiges im Abstellraum kann gefährlich werden!"

„Vielleicht gibt es dort Spinnen!", schüttelte sich Bella. „Oder etwas, was stinkt!", sagte Georg. „Ja, ja", unterbrach Schleckermäulchen schnell, „aber ich glaube, dass es etwas Schlimmeres ist.

Es könnte ein Monster sein!" „Monster leben oft in kleinen dunklen Räumen", pflichtete Tiger ihm zu. „Wir müssen wirklich sehr, sehr vorsichtig sein."

Die tapfersten Kätzchen – Tiger, Mopsi, und Georg – schlichen in die Abstellkammer. Es war sehr dunkel. Als sie weiter hineingingen, stolperte Georg über einen Eimer. Ein Mop und ein Putztuch flogen ihnen entgegen und eine alte Trommel machte *Buuum!*

Noch nie im Leben waren die drei Kätzchen so schnell gelaufen. „Es *ist* ein Monster! Macht schnell die Tür zu!" Plötzlich stand die Lehrerin vor einer Klasse, die still und leise in ihren Büchern las. Sie lächelte vor sich hin: Das Mop- und-Eimer-Monster hatte auch dieses Jahr wieder gewirkt!

Nicht vergessen!

Mama Katze schaute nervös auf die Uhr. Sie musste ihre Briefe zur Post bringen, bevor es zu spät dafür wurde. „Ihr seid alt genug, um ein paar Minuten auf euch selber aufzupassen", sagte sie zu ihren vier Kindern, „aber ihr müsst mir versprechen, nicht die Tür aufzumachen, für niemanden, außer für Papa natürlich."

„Versprochen!", sagten die Kinder. Mama Katze zog ihren Mantel an und eilte zur Post. Kaum war sie weg, als es an der Tür klopfte. „Lasst mich rein, lasst mich rein!", rief Fluffi, die gerade von der

Klavierstunde kam. Die Kinder schauten sich an. „Wir haben versprochen, die Tür nicht zu öffnen", sagte Pummel. „Aber es fängt zu regnen an", rief Mopsi, „die arme Fluffi wird nass!" Da hatte Tiger eine seiner guten Ideen. „Wir haben versprochen, nicht die Tür zu öffnen", sagte er, „aber für das Fenster haben wir nichts versprochen!"

Und so kam es, dass Mama Katze und Papa Kater nach Hause kamen und fast im gleichen Augenblick Fluffis kleine Beine entdeckten, die aus dem Fenster winkten, in dem sie stecken geblieben war! Fluffi wurde sofort befreit und Mama Katze entschuldigte sich bei ihr, weil sie sie vergessen hatte. Zum Glück hatte die Mutter nicht vergessen, für alle Gebäck mitzubringen!

Das Baumhaus

Die Kätzchen kletterten furchtbar gern, blieben aber oft stecken!

"Kinder, ihr müsst euch etwas anderes überlegen, um Spaß im Wald zu haben", sagte Papa Kater. "Eines Tages bin ich nicht hier, wenn ihr Hilfe braucht!" Plötzlich bekam Mopsi das untrügliche Gefühl, das man hat, wenn einem eine richtig tolle Idee kommt.

"Ruhig!", rief sie, "lasst mich nachdenken!" Die Kätzchen mussten nicht lange warten. "Wir", sagte Mopsi bedeutungsvoll, "wir werden ein Baumhaus bauen." Die Kätzchen klatschen Beifall.

Tiger und Schleckermäulchen liefen sofort zum Hof von Bauer Felix, um sich etwas Holz … nun, zu *leihen*. Wenn man bedenkt, dass fünf kleine Architekten planten und fünf kleine Bauarbeiter sägten und hämmerten und fünf kleine Maler alles anstrichen, war das Baumhaus in erstaunlich kurzer Zeit fertig. Es sah anders aus als jedes andere Baumhaus, das du je gesehen hast, aber es war gemütlich und bunt und in einem Baum – was konnte sich ein Kätzchen mehr wünschen?

Die Kätzchen beschlossen, das Baumhaus geheim zu halten, doch Papa Kater war argwöhnisch, nicht nur wegen der farbigen Pfotenspuren auf dem Weg. Er fragte sich, ob sie vielleicht im Zusammenhang standen mit dem geheimnisvollen Verschwinden von Bauer Felix' Leiter …

Oh, Tollpatsch!

Eines Tages bekam Mama Katze einen Brief. „Euer Cousin Tollpatsch wird für eine Weile zu uns ziehen", sagte sie und schaute ihre eigenen fünf Kinder an. Einen Moment lang war es still. Dann rief Papa Kater: „Nur über meine Leiche", und sprang auf. „Erinnerst du dich an letztes Mal? Ich musste die Armaturen im Bad erneuern, die Küche renovieren, einen neuen Gartenzaun setzen und mich bei allen Katzen in der Nachbarschaft dafür entschuldigen, was diese kleine Katze alles angestellt hatte. Das möchte ich nicht noch mal erleben!"

Die Katzenkinder stimmten zu, aber es war zu spät. Tollpatsch war schon unterwegs. Aber dann staunten alle: Er war lange nicht so schlimm, wie sie gefürchtet hatten. Er war höflich zu Onkel und Tante und saß still bei Tisch. „Gut, Tollpatsch", sagte Papa Kater, du scheinst dich wirklich geändert zu haben. Du hast uns das letzte Mal deine Gegenwart deutlich spüren lassen." „Oh, lächelte Tollpatsch", „damals war ich noch klein. Jetzt bin ich viel größer. Danke für das gute Essen. Ich möchte früh ins Bett gehen nach der langen Reise."

Er stand auf und drehte sich um. Dummerweise hatte sich das Tischtuch in seinem Gürtel verfangen. Mit einer schnellen Bewegung flogen das Tischtuch, die Teller, die Saucenschüssel, der Topf und Mama Katzes guter Pudding durch den Raum.

„Oh, Tollpatsch!" riefen alle und hielten sich die Bäuche vor Lachen. „Wir haben uns geirrt, du hast dich überhaupt nicht geändert, nicht wahr?"